U0632305

中小学传统文化必读经典丛书

孟子

韩美华 编著

中華書局

图书在版编目（CIP）数据

孟子 / 韩美华编著. —北京：中华书局, 2017.1（2018.1 重印）

（中小学传统文化必读经典）

ISBN 978-7-101-12290-9

Ⅰ. 孟… Ⅱ. 韩… Ⅲ. ①儒家 ②《孟子》—青少年读物 Ⅳ. ① B222.5-49

中国版本图书馆 CIP 数据核字（2016）第 280514 号

书　　名　孟　子
编 著 者　韩美华
丛 书 名　中小学传统文化必读经典
责任编辑　王　娟
出版发行　中华书局
（北京市丰台区太平桥西里 38 号 100073）
http://www.zhbc.com.cn
E-mail:zhbc@zhbc.com.cn
印　　刷　中煤（北京）印务有限公司
版　　次　2017 年 1 月北京第 1 版
2018 年 1 月北京第 2 次印刷
规　　格　开本 / 880×1230 毫米 1/32
印张 6.75　插页 2　字数 100 千字
印　　数　5001-10000 册
国际书号　ISBN 978-7-101-12290-9
定　　价　15.00 元

致敬经典，亲近经典

中华传统文化经典著作历久弥新，就像岁月打磨的一颗颗光亮的钻石，等待我们去探索其中的奥秘。经过几千年的积累，传统文化经典著作浩如烟海，那么，对于中小学生来说，哪些是现阶段“必读”的，哪些是可以暂时放一放，留待以后再读的呢？为此，我们根据教育部颁布的《完善中华优秀传统文化教育指导纲要》对中小学生阅读传统文化经典著作的指导精神，参考《义务教育语文课程标准》和《全日制高中语文课程标准》关于传统文化的推荐阅读书目，并结合小学、初中和高中教材以及中高考涉及的传统文化著作，编辑了这套“中小学传统文化必读经典”丛书。具体来说，丛书又可分为以下几组“必读”小系列：

必读故事经典：《中华成语故事》《中华神话故事》《中华历史故事》《中华民间故事》

必读蒙学经典：《三字经 百家姓 千字文 弟子规》《声律启蒙》《笠翁对韵》《增广贤文》《幼学琼林》

必读思想经典：《论语》《孟子》《大学 中庸》《老子》《庄子》

必读历史经典：《史记》《战国策》

必读古诗经典：《诗经》《唐诗三百首》《宋词三百首》《千家诗》

必读古文经典：《古文观止》《世说新语》

必读小说经典：《西游记》《水浒传》《三国演义》《红楼梦》

以上几组“必读”经典，收录了中华传统文化著作中的“最经典”，涵盖了思想、历史、文学、语言文字等多个领域，对于中小学生来说已经是“蔚为大观”了。

考虑到不同学段以及经典本身的内容特点，丛书在体例上不求统一。如“必读故事经典”，在保留故事精髓的前提下，改编为更适合小学生阅读的内容，并且在故事后附经典原文，链接相关故事或知识。“必读蒙学经典”，添加了拼音、注释、译文和解读，方便小学生诵读和理解。“必读小说经典”，对书中不易理解的字词进行了注释，使读者能够无障碍阅读。其他系列的经典则根据情况，有的收录原著全文，有的选录最经典的章节或篇目，主体内容包括正文、注释、译文和解读四个部分。所有经典原文，皆选用中华书局的权威版本作为底本，注释精准，讲解深入浅出，充分考虑中小学生的阅读实际。在尊重前人研究成果的基础上，也适当阐发新思路、新观点，激发中小学生的探索、求知欲望。每本书的最后，设置了独特的“阅读方案”，有的对经典的内容进一步讲解和拓展，有的对经典的思想内涵进行深刻阐述，有的对如何阅读经典给予阅读指导，有的梳理了与经典相关的知识或趣闻……总之，我们希望提供一套真正适合中小学生阅读的传统文化经典读本，让中小学生读得懂，读得有收获，读得有趣味，对经典既存有崇高的敬意，又不敬而远之，而是乐于亲近经典，体会到与经典相伴的快乐。

本套丛书由富有研究成果的专家学者和教学经验丰富的一线教师，根据中小学生的阅读需求协力编写而成。在此向所有参与编写的人员表示衷心感谢。

书和读书人是一个永恒的命题。少年时代正是读书的好时候。少年读书有着自身的特点，古人有一个形象的说法：少年读书，如隙中窥月。这是由少年的阅历所限。我们也许不能拓宽这个小小的缝隙，但我们可以在这一隙之外，为读书的少年拂去眼前的云雾，展现书海中的明月和几颗灿烂的星。

中华书局编辑部

目　录

仁义为本

君子之道

观物阅世

《孟子》阅读（备考）方案

仁义为本

何必曰利

孟子见梁惠王[1]。王曰："叟[2]，不远千里而来，亦将有以利吾国乎？"

孟子对曰："王！何必曰利？亦有仁义而已矣[3]。王曰'何以利吾国'，大夫曰'何以利吾家'？士庶人曰'何以利吾身'，上下交征利而国危矣[4]。万乘之国[5]，弑其君者[6]，必千乘之家[7]；千乘之国，弑其君者，必百乘之家。万取千焉，千取百焉，不为不多矣。苟为后义而先利，不夺不餍[8]。未有仁而遗其亲者也，未有义而后其君者也。王亦曰仁义而已矣，何必曰利？"

（《孟子·梁惠王上》）

〔注释〕

①梁惠王：即魏惠王，名罃，惠是他的谥号，于公元前370年继承他父亲魏武侯而即位，即位后九年，由旧都安邑迁都大梁（今开封），所以又叫梁惠王。

②叟：对老年男子的尊称。

③亦：只。

④交征：朱熹《孟子集注》："征，取也。上取乎下，下取乎上，故曰交征。"

⑤万乘之国、千乘之国：古代的兵车一车四马叫一乘（shèng）。古代以兵车的多少来衡量国家的大小。

⑥弑：古代以下杀上，以卑杀尊叫弑。

⑦千乘之家、百乘之家：古代的执政大夫有一定的封邑，这封邑又叫采地，拥有这种封邑的大夫叫家。有封邑当然也有兵车。公卿的封邑大，可以出兵车千乘，大夫的封邑小，可以出兵车百乘。

⑧餍（yàn）：满足。

〔译文〕

孟子见梁惠王。梁惠王说："老先生，您不辞千里长途的辛劳前来，将会给我的国家带来很大利益吧？"

孟子回答说："王，您为什么一开口就一定要说到利益呢？只要讲仁义就行了。王假如说：'怎样才对我的国家有利呢？'大夫也说：'怎样才对我的封地有利呢？'那一般士子以至老百姓也都说：'怎样才对我本人有利呢？’这样，上上下下互相追逐私利，国家便会发生危险了。在拥有一万辆兵车的国家里，杀掉国君的，一定是拥有一千辆兵车的大夫；在拥有一千辆兵车的国家里，杀掉国君的，一定是拥有一百辆兵车的大夫。在一万辆兵车的国家中，大夫拥有兵车一千辆；在一千辆兵车的国家中，大夫拥有兵车一百辆；这些大夫的产业不能不说是很多的了。但是，假若轻公义，重私利，那大夫若不把国君的产业夺去，是永远不会满足的。从没有讲‘仁’的人却遗弃他的父母的，也没有讲‘义’的人却对他的君主怠慢的。王也只讲仁义就行了，为什么定要讲利益呢？”

〔解读〕

与梁惠王的义利之辩，反映出孟子最重要的政治思想——仁义，存仁义之心，行仁义之道，才可保国安民，统一天下。魏国在战国初年是一个强大的国家，到梁惠王时期，逐渐衰落，东、西、南面分别有齐国、秦国和楚国，处于众多强国的威胁之中。孟子见梁惠王之时，惠王已是垂暮之年，对于国运衰微仍耿耿于怀，希望国家再次强大起来，求胜心切。与孟子会面，开口便道：“不远千里而来，亦将有以利吾国乎？”这实在是一国君王的无可奈何之语。但孟子对此进行反驳，认为天下纷争不断，正是由于过多地言“利”，从上至下，从国君至百姓，都交相牟利，那么国家就危险了。这个观点，司马迁在《史记》中也大加赞赏，认为“利诚乱之始也”，孟子可谓看到了纷乱的根源。因此，孟子提出了“仁义”，认为讲仁义就好了，何必一定要言利呢？讲仁义，也就是实施仁政，这是孟子政治上的一贯主张。

仁者无敌

梁惠王曰："晋国[①]，天下莫强焉[②]，叟之所知也。及寡人之身，东败于齐，长子死焉[③]；西丧地于秦七百里[④]；南辱于楚[⑤]。寡人耻之，愿比死者一洒之[⑥]，如之何则可？"

孟子对曰："地方百里而可以王。王如施仁政于民，省刑罚，薄税敛，深耕易耨[⑦]；壮者以暇日修其孝弟忠信[⑧]，入以事其父兄，出以事其长上，可使制梃以挞秦楚之坚甲利兵矣[⑨]。彼夺其民时，使不得耕耨以养其父母，父母冻饿，兄弟妻子离散。彼陷溺其民，王往而征之，夫谁与王敌？故曰：'仁者无敌。'王请勿疑！"

（《孟子·梁惠王上》）

〔注释〕

①晋国：这里的晋国指魏国。韩、赵、魏三家分晋，所以梁（魏）惠王自称魏国

为晋国。

②莫强焉：没有国家比它更强。

③东败于齐，长子死焉：指马陵（今河南省濮城北）之役。魏国伐韩，韩国向齐国求救，齐国派田忌、孙膑伐魏救韩，惠王派庞涓、太子申为将抵御。魏国战败，庞涓自杀，太子申被俘。

④西丧地于秦七百里：马陵之战后，秦国又屡次打败魏国，迫使魏国献出河西之地和上郡的十五个县城，约七百里地。

⑤南辱于楚：魏国与楚国交战，被楚将昭阳击败于襄陵，失去八座城池。

⑥比（bì）：介词，替、给。　一：副词，都、全。　洒：洗。这里指洗恨雪耻。

⑦易耨（nòu）：及时锄草。易，疾、速、快。耨，锄草。

⑧弟（tì）：古同“悌”，敬爱、顺从兄长。

⑨梃（tǐng）：棍棒。　挞（tà）：本义指用鞭子或棍子打，引申为攻打。

〔译文〕

梁惠王（对孟子）说：“晋（魏）国的强大，当时天下是没有国家比它更强的，这是老先生您所知道的。但到了我这时候，东边和齐国打一仗，杀得我大败，连我的长子都牺牲了；西边又败给秦国，丧失了河西之地七百里；南边又被楚国抢去了八座城池。我认为这是奇耻大辱，希望能够替我国所有的战死者报仇雪恨，您说要怎么办才行？”

孟子回答说：“只要有方圆一百里的土地就可以使天下归服。（何况魏国是个大国呢？）您假如向百姓实行仁政，减免刑罚，减轻赋税，让百姓能够深耕细作，早除秽草；使身强力壮的人在闲暇时间讲求孝顺父母、敬爱兄长、待人忠诚守信的道德，在家侍奉父母兄长，出门尊敬长辈上级，这样就是让他们制作木棒也可以打击那些拥有坚实盔甲锐利刀枪的秦楚军队了。那秦国、楚国剥夺了他们百姓的生产时间，使他们不能够深耕细作来养活父母，使得他们的父母受冻挨饿，兄弟妻子东离西散。秦国、楚国使他们的百姓陷在痛苦的深渊中，您去讨伐他们，那还有谁来抵抗呢？所以说：‘仁德的人是无敌于天下的。’请您不要疑虑！”

〔解读〕

为了实现仁政理想，孟子以论辩为武器周游列国，虽然在齐、宋、邹、薛等国屡遭挫败，但他仍以极大的热情游说魏王。从两人的一问一答中可以看出，此时的魏国国势逐渐衰落，陷入了东败于齐、西丧于秦、南辱于楚的困境。

此时的魏王有重振国威的强烈诉求，希望通过战争一雪前耻。然而孟子并没有正面地回答他，而是从仁政的角度进行阐述，反对君主为满足开疆拓土、报仇雪恨的欲望而进行战争，可谓避其锋芒又一语中的，让人不能不被说服。孟子论述了推行仁政的具体措施：物质生产方面要减轻刑罚和赋税，让百姓深耕细作；教化方面主张孝悌忠信的道德品质。如果做到了养民而又教民，即使只有棍棒，也可以和拥有坚甲利兵的秦楚军队相抗衡了。论辩到这一层次还不够，孟子又从反面说明了不施行仁政的后果，那就是父母冻饿、兄弟妻子离散。处于这样状况下的国家，如果魏王再去征伐，是没有人会抵抗的，这便是“仁者无敌”的表现。

文王之囿

齐宣王问曰："文王之囿方七十里①，有诸？"

孟子对曰："于传有之②。"

曰："若是其大乎？"

曰："民犹以为小也。"

曰："寡人之囿方四十里，民犹以为大，何也？"

曰："文王之囿方七十里，刍荛者往焉③，雉兔者往焉④，与民同之。民以为小，不亦宜乎？臣始至于境，问国之大禁⑤，然后敢入。臣闻郊关之内有囿方四十里⑥，杀其麋鹿者如杀人之罪。则是方四十里为阱于国中。民以为大，不亦宜乎？"

（《孟子·梁惠王下》）

〔注释〕

①囿（yòu）：古代蓄养禽兽的园林。

②传：文献记载。

③刍荛（chúráo）者：割草砍柴的人。

④雉（zhì）兔者：捕鸟猎兽的人。雉，野鸡。

⑤大禁：重要的禁令。先问大禁，然后敢入，是为了避免触犯禁令。

⑥郊关之内：郊是国都之外的近郊，关是边境上的关卡，此处是指国境之内。

〔译文〕

齐宣王问孟子："听说周文王的狩猎场方圆七十里，有这回事？"

孟子答道："在典籍上有这样的记载。"

宣王说："要是这样，不是太大吗？"

孟子说："百姓还觉得太小呢！"

宣王说："我的狩猎场方圆四十里，百姓还觉得大，这是为什么呢？"

孟子说："周文王的狩猎场方圆七十里，割草砍柴的人可以去，捕鸟猎兽的人可以去，与百姓共同享用。百姓认为太小，这不是很自然的吗？我刚到齐国边界的时候，问明了齐国最重要的禁令后，才敢入境。我听说在齐国国都的郊外有一个狩猎场，方圆四十里，谁要杀害了里面的麋鹿，就等于犯了杀人的罪。那么这方圆四十里的场所，对于百姓来说就是在国家中设立的陷阱。百姓认为太大了，不也是很自然的吗？"

〔解读〕

成语"滥竽充数"就与齐宣王有关，结合其他历史记载，不难推测齐宣王讲究排场，有点好大喜功，对于苑囿，自然也有求大的欲望。对比文王之囿七十里与宣王之囿四十里，百姓却以为一小一大，其中缘由，孟子一语道破：与民同之。这里的“与民同之”，其实就是现在所说的资源共享。文王之囿七十里，允许百姓进入寻取所需，或砍柴，或打猎，而宣王的四十里却是国之大禁，把国家的土地和财产资源据为己有，连孟子在入境之时也要先询问后才敢进入，对于百姓而言，四十里的陷阱，自然是太大了。此外，在孟子看来，山林、渔泽、禽兽等公共资源，都应该向百姓开放，开放的同时讲究应时而取，应需而取，不能过度开发。这些主张时至今日仍有积极意义。

小勇大勇

齐宣王问曰："交邻国有道乎？"

孟子对曰："有。惟仁者为能以大事小，是故汤事葛[①]，文王事昆夷[②]。惟智者为能以小事大，故太王事獯鬻[③]，勾践事吴[④]。以大事小者，乐天者也；以小事大者，畏天者也。乐天者保天下，畏天者保其国。诗云：'畏天之威，于时保之[⑤]。'"

王曰："大哉言矣！寡人有疾[⑥]，寡人好勇。"

对曰："王请无好小勇。夫抚剑疾视曰：'彼恶敢当我哉'！此匹夫之勇，敌一人者也。王请大之！诗云：'王赫斯怒[⑦]，爰整其旅，以遏徂莒[⑧]，以笃周祜[⑨]，以对于天下。'此文王之勇也。文王一怒而安天下之民。书曰[⑩]：'天降下民，作之君，作之师，惟曰其助上帝宠之。四方有罪无罪惟我在，天下曷敢有越厥志？[⑪]'一人衡行于天下⑫，武王耻之。此武王之勇也。而武王亦一怒而安天下之民。今王亦一怒而安天下之民，民惟恐王之不好勇也。”

（《孟子·梁惠王下》）

〔注释〕

①汤事葛：汤，指商代的开国君主成汤。葛，古国名，故城在今河南省宁陵县。汤与葛为邻国。

②昆夷：昆夷亦作“混夷”，周朝初年的西戎国名。

③太王事獯鬻（xūnyù）：太王，亦作“大王”，指周文王的祖父，史称“古公亶（dǎn）父”。獯鬻，亦作“薰育”，即猃狁（xiǎnyǔn），也就是狄人，是当时的北方少数民族。

④勾践事吴：勾践，春秋时越国的君主。勾践被吴王夫差打败，屈辱事吴，卧薪尝胆，终于灭了吴国。

⑤畏天之威，于时保之：出自《诗经·周颂·我将》。

⑥疾：弊病，缺点。

⑦赫斯：犹言“赫然”，指发怒时十分生气的样子。

⑧以遏徂莒：遏，止也。徂，往。莒，国名。

⑨以笃周祜：增添周室的福祜。笃，厚。祜，福。

⑩书：指《尚书》，以下六句引文为《尚书》逸文，伪《古文尚书》把它们收在《泰誓上》篇。

⑪厥：其。

⑫衡行：横行。

〔译文〕

齐宣王问道："和邻国交往有什么原则和方式吗？"

孟子回答说："有。只有仁爱的人才能够以大国的身份侍奉小国，所以商汤侍奉葛伯，文王侍奉昆夷。只有有智慧的人才能够以小国的身份侍奉大国，所以太王侍奉獯鬻，越王勾践侍奉吴王夫差。以大国身份侍奉小国的，是乐于听从天命的人；以小国身份侍奉大国的，是敬畏天命的人。乐于听从天命的人安定天下，敬畏天命的人安定自己的国家。《诗》说：'敬畏上天的威灵，所以才能够安定。'"

宣王说："您的话真高明呀！不过，我有个毛病，就是崇尚勇武。"

孟子答道："那就请大王不要喜爱小勇。有的人动辄按着刀剑瞪眼说：'他怎么敢抵挡我呢？'这其实只是匹夫之勇，只能抵挡一个人。希望大王进一步扩大它。《诗经》说：'文王赫然大怒，整顿军队到前方，阻止侵略莒国的敌军，增添周国的威望，报答各国对周国的向往。'这便是文王的勇。文王一怒便使天下百姓都得到安定。《尚书》说：'上天降生一般的人，又替他们降生了君王，降生了师表，这些君王和师表的唯一责任，就是帮助上帝来爱护百姓。因此，四方之大，有罪者和无罪者，都由我来负责。普天之下，何人敢超越上天的意志呢？'所以，只要有一人在天下横行霸道，武王便感到羞耻。这便是武王的勇。武王也是一怒便使天下百姓都得到安定。如今大王如果也做到一怒便使天下百姓都得到安定，那么天下百姓唯恐大王不喜好勇呢。"

〔解读〕

此章涉及外交策略和大勇小勇的区别问题。宣王以一国的外交有何原则发问，孟子答之以仁、智之人的侍奉之道，说明仁爱之人才能以大事小，智慧之人才能以小事大，并以商汤、文王、太王、勾践为例，导向结论性的言语：乐天者保天下，畏天者保其国。其实孟子的意图很明显，是希望齐国作为大国，能够体恤小国，从而安定天下。但是宣王直言不讳自己好勇，孟子只能耐心进行解释，并强调好勇无错，但是应该好大勇。因为好大勇，一怒可安天下之民。正如朱熹《集注》所云：人君能惩小忿，则能恤小事大，以交邻国；能养大勇，则能除暴安民，以安天下。

其实，“勇”不是一个孤立的道德品行，勇和仁、智一起构成儒家所谓的“三达德”。（《中庸》：“知（智）、仁、勇三者，天下之达德也。”）在孔子，“知者不惑，仁者不忧，勇者不惧”，三者是不可剥离的，并举才能成为君子。在孟子，勇是有区别的，匹夫之勇是小勇，只可敌一人，若想安定天下，就要把小勇扩而充之到大勇。小勇只是血气所为，大勇才是义理所发。

与百姓同之

齐宣王问曰："人皆谓我毁明堂[①]，毁诸？已乎？"

孟子对曰："夫明堂者，王者之堂也。王欲行王政，则勿毁之矣。"

王曰："王政可得闻与？"

对曰："昔者文王之治岐也[②]，耕者九一[③]，仕者世禄，关市讥而不征[④]，泽梁无禁[⑤]，罪人不孥[⑥]。老而无妻曰鳏，老而无夫曰寡，老而无子曰独，幼而无父曰孤。此四者，天下之穷民而无告者。文王发政施仁，必先斯四者。诗云：'哿矣富人，哀此茕独[⑦]。'"

王曰："善哉言乎！"

曰："王如善之，则何为不行？"

王曰："寡人有疾，寡人好货。"

对曰："昔者公刘好货[⑧]，诗云[⑨]：'乃积乃仓，乃裹糇粮[10]，于橐于囊[11]。思戢用光[12]，弓矢斯张，干戈戚扬[13]，爰方启行。’故居者有积仓，行者有裹粮也，然后可以爰方启行。王如好货，与百姓同之，于王何有？”

王曰：“寡人有疾，寡人好色。”

对曰：“昔者太王好色，爱厥妃[14]。诗云[15]：‘古公亶父，来朝走马，率西水浒[16]，至于岐下，爰及姜女，聿来胥宇[17]。’当是时也，内无怨女[18]，外无旷夫[19]。王如好色，与百姓同之，于王何有？”

（《孟子·梁惠王下》）

〔注释〕

①明堂：古代帝王宣明政教、举行典礼等活动的地方。

②岐：地名，在今陕西岐山县一带。

③耕者九一：指井田制。具体做法是，把耕地划成井字形，每井九百亩，周围八家各一百亩，属私田；中间一百亩属公田，由八家共同耕种，收入归公家。所以赋税相当于九取其一。

④关市讥而不征：在关卡、市集只稽查不收税。讥，稽查。

⑤泽梁：在流水中拦鱼的设备。

⑥孥（nú）：妻子儿女，这里用作动词，不孥即指不牵连妻子儿女。

⑦哿（gě）矣富人，哀此茕（qióng）独：引自《诗经·小雅·正月》。哿，好；快意。茕，孤单。

⑧公刘：人名，后稷的曾孙。

⑨《诗》云：引自《诗经·大雅·公刘》。

⑩糇（hóu）粮：干粮。

⑪于橐（tuó）于囊：囊、橐，盛物的口袋，囊大橐小。囊，是有底的口袋，橐是没有底的口袋，两头都是口，用时用绳扎紧。

⑫思戢用光：思，语气词，无义。戢，同“辑”，和睦。用，因而。光，发扬光大。

⑬干戈戚扬：四种兵器，干是盾牌，戈是长柄兵器，戚是大斧，扬是钺。

⑭厥：代词，他的，那个。

⑮《诗》云：引自《诗经·大雅·绵》。

⑯率：循着。　浒：水边。

⑰聿来胥宇：聿，语首词，无义。胥，动词，省视、视察。宇，屋宇。

⑱怨女：已到婚龄而没有适合配偶的女子。

⑲旷夫：未娶妻的单身汉。

〔译文〕

齐宣王问道：“别人都建议我拆毁明堂，是毁呢，还是不毁呢?

孟子回答说：“明堂，是有道德而能统一天下的王者的殿堂。大王如果想施行王政，就请不要拆毁它吧。”

宣王说：“可以把怎样实行王政说给我听听吗？”

孟子回答说：“从前周文王治理岐山的时候，对农民的税率是九取其一；对做官的人是给予世代承袭的俸禄；在关卡和市场上只稽查，不征税；任何人到湖泊捕鱼都不禁止；对罪犯的处罚不牵连妻子儿女。失去妻子的老年人叫作鳏夫，失去丈夫的老年人叫作寡妇，没有儿女的老年人叫作独老，失去父亲的儿童叫作孤儿。这四种人是天下穷苦无靠的人。文王实行仁政，一定最先考虑到他们。《诗经·小雅·正月》篇说：‘有钱人是可以过得去了，可怜那些孤单的无依无靠者吧。’”

宣王说：“这话说得好呀！”

孟子说：“大王如果认为说得好，为什么不这样做呢？”

宣王说：“我有个毛病，我喜爱钱财。”

孟子说：“从前公刘也喜爱钱财。《诗经·大雅·公刘》篇说：‘谷物积满仓，备好充足的干粮，装进小袋和大囊。和睦团结光大国家，张弓带箭齐武装，盾戈斧钺拿手上，开始动身向前方。’因此留在家里的人有积粮，行军的人有干粮，这才能够率领军队前进。大王如果喜爱钱财，能想到老百姓也喜爱钱财，那称王天下还有什么困难呢？”

宣王说：“我还有个毛病，我喜爱女色。”

孟子回答说：“过去周太王也喜爱女色，非常疼爱他的妃子。《诗经·大雅·绵》篇说：‘古公亶父，清早驱驰快马，沿着西边的河岸，一直走到岐山下。带着妻子姜氏女，勘察地址建新居。’那时，没有找不到丈夫的女子，也没有找不到妻子的单身汉。大王如果喜爱女色，能想到老百姓也喜爱女色，那称王天下还有什么困难呢？”

〔解读〕

明堂是帝王宣明政教的地方，朝会、祭祀、颁布政令等仪式都在此举行，是一种具有象征意义的建筑。齐宣王所说的明堂，是在齐国境内为周天子东巡时接见诸侯所建造的，而当时天子东巡之礼已形同虚设，早已废弃，诸侯又无使用的权力，所以有臣子建议宣王拆毁。宣王以此问孟子，孟子借机游说宣王实行王政。其实王政即王道之政，也就是仁政，孟子所使用的论述方法依然是他擅长的举例论证，言不说尧、舜、禹、汤，则必称文、武、周公。孟子在此以文王治岐为例，说明王政的内涵和具体措施，涉及赋税、官吏、渔业、刑罚等方面，主张照顾弱势群体，保障无依无靠者基本的生存。孟子此言希望宣王以古代贤明的君主为榜样，称王天下。

对此，宣王连连诘难，明言自己爱财好色，孟子又以公刘、太王的事迹来论证爱财好色并非缺点，只要推己及民，便可统一天下。可见孟子的良苦用心非同一般。其实这种推己及民的做法，并非只表现在爱财好色上，还包括所有关乎人的基本的生存需要。

齐人伐燕

齐人伐燕，取之。诸侯将谋救燕。宣王曰：“诸侯多谋伐寡人者，何以待之？”

孟子对曰：“臣闻七十里为政于天下者，汤是也。未闻以千里畏人者也。《书》曰[①]：‘汤一征，自葛始。’天下信之，东面而征，西夷怨；南面而征，北狄怨，曰：‘奚为后我？’民望之，若大旱之望云霓也[②]。归市者不止[③]，耕者不变，诛其君而吊其民[④]，若时雨降。民大悦。《书》曰：‘徯我后[⑤]，后来其苏[⑥]。’今燕虐其民，王往而征之，民以为将拯己于水火之中也，箪食壶浆以迎王师。若杀其父兄，系累其子弟[⑦]，毁其宗庙，迁其重器[⑧]，如之何其可也？天下固畏齐之强也，今又倍地而不行仁政，是动天下之兵也。王速出令，反其旄倪[⑨]，止其重器，谋于燕众，置君而后去之，则犹可及止也。”

（《孟子·梁惠王下》）

〔注释〕

①《书》曰：指《尚书》所记载的，此篇中的引文都可能是《尚书》的逸文。

②霓：虹霓。虹霓在清晨出现于西方是下雨的征兆。

③归市者：指做生意的人。

④吊：抚恤、慰问。

⑤徯（xī）：等待。　后：王，君主。

⑥后来其苏：君王来了就会有起色。苏，苏醒，复活。

⑦系累：束缚，捆绑。

⑧迁其重器：重器，古代君主铸造的传国宝器，如鼎之类的器物。迁其重器，意味着国家灭亡。

⑨旄（mào）倪：老人和小孩。旄，通“耄”，八九十岁的人称为耄，这里通指老年人。

〔译文〕

齐人攻打燕国，吞并了它。各国诸侯谋划着救助燕国。宣王问：“有很多诸侯将要谋划攻打我，该怎么对待呢？”

孟子回答道：“我听说凭借七十里见方的土地就统一天下的，商汤就是这样。没有听说凭着千里见方的土地还怕别国的。《尚书》上说：‘商汤的征伐，从葛国开始。’天下人都信任他，向东征伐，西夷就埋怨；向南征伐，北狄就埋怨，都说：‘为什么把我们放到后头呢？’人民盼望他，就如同大旱时节盼望乌云虹霓一样。（汤的征伐不惊扰百姓，）做生意的照常来往，种田的照常干农活，诛杀那里的暴君，慰问那里的百姓，像是及时雨从天而降。百姓非常高兴。《尚书》说：'等待我们的君王，君王来了就得到新生。'现在燕王虐待百姓，大王去征伐他，百姓都以为您会把他们从水深火热中拯救出来，所以用竹筐盛了饭，用瓦壶装了酒浆来迎接大王的军队。而您杀戮他们的父兄，囚禁他们的子弟，毁坏他们的宗庙，搬走他们国家的宝器，这怎么可以呢？天下本来就害怕齐国的强大，现在齐国扩大了一倍的土地却不施行仁政，这自然会招致各国兴兵动武。大王赶快发布命令，把被抓的老人孩子送回去，停止搬运燕国的宝器，同燕国人商量，选立一个新国君，然后撤离燕国，那么还来得及阻止（各国兴兵）。"

〔解读〕

燕、齐是近邻，宣王五年，燕国内乱，齐宣王在次年趁机进攻燕国，据《战国策·燕策》记载，燕国"士卒不战，城门不闭"，因此齐军在短短五十天内就攻下燕国国都。燕国百姓以为齐军可以拯救他们于水火之中，所以箪食壶浆、夹道欢迎，也正是因为燕人怀有这样的期待，齐国才能伐燕而取之。然而事实是齐国完全扮演了侵略者的形象，使百姓再次陷于水深火热之中，各国诸侯也谋划伐齐救燕，齐国面临以一对多的战争危机，对此孟子以商汤征伐时的正面例子建议齐宣王悬崖勒马，为燕国另择新君然后撤兵，如此才能让诸侯停止对齐国动武。

从本章可以看出，孟子的仁政强调百姓的心悦诚服，因为民心向背历来是一国治乱的基础，所谓得民心者得天下。此外，孟子还强调战争的正义性，齐人伐燕开始之时是正义的征伐，之后的表现却带有很强的侵略性，这也就导致诸侯群起而攻之。

以德服人

孟子曰："以力假仁者霸[①]，霸必有大国，以德行仁者王，王不待大[②]——汤以七十里，文王以百里。以力服人者，非心服也，力不赡也[③]；以德服人者，中心悦而诚服也，如七十子之服孔子也[④]。《诗》云[⑤]：'自西自东，自南自北，无思不服[⑥]。'此之谓也。"

（《孟子·公孙丑上》）

〔注释〕

①假：借。

②待：等待，引申为依靠。

③赡：充足。

④七十子：指孔子弟子中的贤者，一说七十二人，一说七十七人，一般通称为"七十子"。

⑤《诗》：指《诗经·大雅·文王有声》篇。

⑥思：助词，无义。

〔译文〕

孟子说："用武力然后假借仁义之名以号召征伐的人可以称霸诸侯，所以称霸一定要凭借国力的强大；依靠道德来实行仁义的人可以使天下归服，而不必以强大的国家为基础——商汤就仅仅用方圆七十里的土地称王，文王也仅用方圆百里的土地就实行了仁政。用武力来使别人服从的，别人不是心悦诚服，而是实力不够，抵挡不住；依靠道德来使别人服从的，别人才会心悦诚服，就好像七十多位贤者归服孔子一样。《诗经》里面说过：'从东从西，从南从北，无不心悦诚服。'正是这个意思。"

〔解读〕

孟子的这一段话也旨在阐述他的政治观点：以德服人称王，以力假仁称霸。孟子主张实行"王道"，认为应该以最高的道德来施行仁政，以德服人，使天下人都心悦诚服地归顺于他，心甘情愿地追随他，从而统一天下。与"王道"相对的是"霸道"，霸道就是以武力为手段而又假借仁义为口号的政治，实际上是借仁义之名而行霸权之实，表面上征服了别人，但他人的内心并没有真正地被降服。阅读此章节，除了关注观点本身，还应注意到，孟子在论述这些观点的时候，运用了举例论证，商汤、文王是施行仁政的典型，七十贤者对孔子的敬仰和追随是以德服人的代表，这些例证正是孟子说理的画龙点睛之处。

无敌于天下

孟子曰："尊贤使能，俊杰在位[①]，则天下之士皆悦而愿立于其朝矣[②]。市，廛而不征[③]，法而不廛[④]，则天下之商皆悦而愿藏于其市矣。关，讥而不征，则天下之旅皆悦而愿出于其路矣[⑤]。耕者，助而不税[⑥]，则天下之农皆悦而愿耕于其野矣。廛[⑦]，无夫里之布[⑧]，则天下之民皆悦而愿为之氓矣[⑨]。信能行此五者，则邻国之民仰之若父母矣。率其子弟，攻其父母，自生民以来未有能济者也。如此，则无敌于天下。无敌于天下者，天吏也[⑩]。然而不王者，未之有也。"

（《孟子·公孙丑上》）

〔注释〕

①俊杰：通指才智出众的人，《春秋繁露》记载："十人者曰豪，百人者曰杰，

千人者曰俊，万人者曰英。”即才能超过百人的叫杰，才能超过千人的叫俊。

②士：在古代书籍中，“士”有各种各样的定义，或者以其知识本领言，或者以其道德修养言，或者以其社会地位言，或者两者三者兼而有之。总之，它是古代的一个阶层，虽大部分出身于庶人，但经常为统治阶级服务，而立于庶人之上。

③廛（chán）而不征：指货物储藏于市场中而不征税。廛，市场中储藏或堆积货物的货栈。

④法而不廛：指官府按照一定的法规收购长期积压于货栈的货物，以保证商人的利益。

⑤旅：出行在外的旅客。

⑥助而不税：指“耕者九一”的井田制只帮助耕公田，不再征收额外之税。

⑦廛：这里指民居，与“廛而不征”的“廛”所指不同。

⑧夫里之布：古代的一种税收名称，即“夫布”“里布”，大致相当于后世的劳役税、土地税。布，钱。

⑨氓（méng）：特指从别处移居来的人。

⑩天吏：顺从上天旨意的执政者。

〔译文〕

孟子说：“尊重贤能的人，使用有能力的人，杰出的人物都有官位，那么天下的士人都乐于在这样的朝廷担任一官半职了。在市场上提供空地以储藏货物却不征税，把滞销的货物依法收购不让它长久积压，那么天下的商人都乐于在这样的市场做生意了。在关卡只稽查而不征税，那么天下的旅客都乐于在这样的路上旅行了。对耕田的人只按井田制助耕公田而不再征税，那么天下的农民都乐于在这样的土地上耕种了。人们居住的地方没有额外的劳役税和土地税，那么天下的百姓都乐于成为这里的居民了。真正能够做到这五点，那么就连邻国的百姓都会把他当父母一样仰慕。（如果邻国之君想要率领这些百姓来攻打他，就好比）率领儿女去攻打父母，自有人类以来就没有成功过的。像这样，就会天下无敌。天下无敌的人就可叫作‘天吏’。如此而不能够统一天下的，是从来没有过的。”

〔解读〕

孟子的仁政思想体现在治国的多个方面，此章节是他提出的实现王道、无敌于天下的“天吏”五条，除了第一条是在说明要善于挖掘和利用人才之外，其余的四条——对商贩不征收货物税、对旅客只查问不收税、对农民只助耕不征税、对普通百姓也免去额外的劳役税和土地税，其实都是仁政思想在征税政策上的表现。

以上是从具体内容而言，如果从施行的对象来看，孟子的“天吏”五条涵盖了士、农、商、氓等不同的阶层和人群，特别强调对待士人要尊贤使能，使俊杰在位，因为贤能的人才是施行仁政的前提和保证，是国政之首。而对于庶人、商人，则要施行休养生息的政策，不增加徭役和赋税。做到了这五点，就可以无敌于天下，便是“天吏”了。然而这不过是孟子仁政的理想境界而已，真正地推行开来还是困难重重。

另外，孟子的这些论述，运用了“因—果”和排比的论辩策略，表现在论证结构上的一致性，都是“如何，则如何”的形式，句式整齐又有气势。

不忍人之心

孟子曰："人皆有不忍人之心[1]。先王有不忍人之心，斯有不忍人之政矣。以不忍人之心，行不忍人之政，治天下可运之掌上。所以谓人皆有不忍人之心者，今人乍见孺子将入于井[2]，皆有怵惕恻隐之心[3]——非所以内交于孺子之父母也[4]，非所以要誉于乡党朋友也[5]，非恶其声而然也。

由是观之，无恻隐之心，非人也；无羞恶之心，非人也；无辞让之心，非人也；无是非之心，非人也。恻隐之心，仁之端也[6]；羞恶之心，义之端也；辞让之心，礼之端也；是非之心，智之端也。人之有是四端也，犹其有四体也。有是四端而自谓不能者，自贼者也[7]；谓其君不能者，贼其君者也。

凡有四端于我者[8]，知皆扩而充之矣，若火之始然[9]，泉之始达。苟能充之，足以保四海；

苟不充之，不足以事父母。”

（《孟子·公孙丑上》）

〔注释〕

①忍：忍心。

②乍：突然、忽然。

③怵惕（chùtì）：惊惧。 恻隐：哀痛。

④内（nà）交：结交。

⑤要（yāo）誉：博取名誉。

⑥端：基础，发端。

⑦贼：毁，害。

⑧我：同“己”。

⑨然：同“燃”。

〔译文〕

孟子说：“每个人都有不忍心加害于别人的心。先王因为有不忍伤害别人的心，所以才有不忍伤害百姓的政治。用不忍伤害别人的心，施行不忍伤害别人的政治，治理天下就可以像在手掌心里面运转东西一样容易了。之所以说每个人都有怜悯体恤别人的心，是因为，如果现在有人突然看见一个小孩要掉进井里了，必然会产生惊骇同情的心理——这不是因为想要借此去和孩子的父母攀交情，不是因为想要在乡邻朋友中博取声誉，也不是因为厌恶这孩子的哭声才如此的。

由此看来，没有同情心，简直不是人；没有羞耻心，简直不是人；没有谦让心，简直不是人；没有是非心，简直不是人。同情之心是仁的发端，羞耻之心是义的发端，谦让之心是礼的发端，是非之心是智的发端。人有这四种发端，就像有四肢一样。有了这四种发端却自认为不行的，是自暴自弃的人；认为他的君主不行的，是害君主的人。

凡是有这四种发端的人，知道扩大充实它们，就会像火刚刚开始燃烧，泉水刚刚开始流淌。如果能够扩充它们，便足以安定天下，如果不能够扩充它们，恐怕连赡养父母都不行。”

〔解读〕

孟子主张性善说，本章节是孟子以人性本善为前提来推导“仁政”实施的可能性，提出先王就是因为有不忍人之心才有仁政的政治局面。

性本善就是人人皆有不忍人之心，具体包括“四心”：恻隐之心、羞恶之心、辞让之心、是非之心。而孺子入井的例子意在说明这种不忍人之心是与生俱来的，是一种近乎本能而又超乎本能的人性情感，对于任何人来说，这种“心”是可感知的，可随意而发、随境而生，故而没有这“四心”，便不能成为人。在此基础上，孟子提出“仁义礼智”发端于“四心”，这“四端”就如人体的四肢，举手投足间都能反映出恻隐、羞恶、辞让、是非的蕴涵。如果把这“四端”扩而充之，发扬光大，于国可安定天下，于家可侍奉父母，反之则自身难保。

其实，孟子把性善作为仁政的理论基础，实在是一种理想主义，因为这种不忍人之心因私利、私欲的存在，往往很难扩而充之。

术不可不慎

孟子曰："矢人岂不仁于函人哉[①]？矢人唯恐不伤人，函人唯恐伤人。巫匠亦然[②]，故术不可不慎也[③]。孔子曰[④]：'里仁为美。择不处仁，焉得智？'夫仁，天之尊爵也，人之安宅也。莫之御而不仁[⑤]，是不智也。不仁、不智，无礼、无义，人役也。人役而耻为役，由弓人而耻为弓[⑥]，矢人而耻为矢也。如耻之，莫如为仁。仁者如射：射者正己而后发；发而不中，不怨胜己者，反求诸己而已矣。"

（《孟子·公孙丑上》）

〔注释〕

①矢人：造箭的人。 函人：造铠甲的人。

②巫：指巫医，古人治病亦用巫。 匠：匠人，此处特指做棺材的木匠。

③术：指选择谋生之术，即职业。孟子所处的时代，有学习合纵连横之说的人，也

有学习争战之事的人，其行迹似乎都是幸灾乐祸者之所为，孟子此处说择术不可不谨慎，是以小喻大，提醒人们谨慎选择。

④孔子曰：引语出自《论语·里仁》。

⑤御：阻挡。

⑥由：同“犹”，好像。

〔译文〕

孟子说：“造箭的人难道不如造铠甲的人仁慈吗？造箭的人唯恐自己的箭不能伤害人，而造铠甲的人却生怕自己的铠甲不能抵御而导致人被伤害。巫医和棺材匠也是这样（巫医唯恐自己的法术不灵，病人不得痊愈；木匠唯恐病人好了，棺材卖不出去）。所以一个人选择谋生之术时不可以不谨慎。孔子说：‘居住在有仁德的地方是好的，由自己选择却不与仁共处，怎么能说是聪明呢？’仁是天（赋予人的）最尊贵的爵位，是人最安逸的住宅。没有人来阻挡你（行仁），你却不仁，这是不明智的。不仁、不智，无礼、无义，这种人只能做别人的仆役。当了仆役而以当仆役为耻，就好比造弓的人以造弓为耻，造箭的人以造箭为耻一样。如果真以为耻，不如好好地去行仁。行仁的人就好像比赛射箭的人一样：射箭的人先端正自己的姿态而后放箭；如果没有射中，不埋怨那些胜过自己的人，而反过来在自己身上找原因罢了。”

〔解读〕

“仁”最原始的含义是对亲人的爱，但孔子说“仁者，爱人”，是随着文化的发展，把对亲人的爱逐步推广到更普遍的爱，孟子很好地继承了这一点。然而并不是人人都能自觉地选择行仁，就好像造箭的人和造棺材的人，似乎看起来比造铠甲的人和巫医更为残忍，因为他们是以间接伤害他人的性命或以死亡而谋生，这其实是职业立场的不同导致对待他人生命态度的不同，所以孟子在仁的基础上又提出了“智”，选择行仁才是明智的。其实，孟子主张的是人性本善，造箭的人、造铠甲的人本性相同，都具有善、仁的人性特点，可是选择了不同的谋生之道以后，就出现了思想倾向的不同，有了好坏之分。所以孟子告诫人们“术不可不慎”，选择对于他人有益的职业，才是仁智之举。

无规矩不成方圆

孟子曰："离娄之明[1]、公输子之巧[2]，不以规矩[3]，不能成方圆；师旷之聪[4]，不以六律[5]，不能正五音[6]；尧舜之道，不以仁政，不能平治天下。今有仁心仁闻而民不被其泽、不可法于后世者，不行先王之道也。故曰，徒善不足以为政，徒法不能以自行。诗云：'不愆不忘，率由旧章[7]。'遵先王之法而过者，未之有也。

圣人既竭目力焉，继之以规矩准绳，以为方员平直[8]，不可胜用也；既竭耳力焉，继之以六律正五音，不可胜用也；既竭心思焉，继之以不忍人之政，而仁覆天下矣。故曰，为高必因丘陵，为下必因川泽。为政不因先王之道，可谓智乎？是以惟仁者宜在高位。不仁而在高位，是播其恶于众也。

上无道揆也[9]，下无法守也，朝不信道，工不信度，君子犯义，小人犯刑，国之所存者幸也。故曰：城郭不完[10]，兵甲不多，非国之灾也；田野不辟，货财不聚，非国之害也。上无礼，下无学，贼民兴，丧无日矣。诗曰：‘天之方蹶，无然泄泄[11]。’泄泄犹沓沓也。事君无义，进退无礼，言则非先王之道者，犹沓沓也。故曰：责难于君谓之恭，陈善闭邪谓之敬，吾君不能谓之贼。”

（《孟子·离娄上》）

〔注释〕

①离娄：也叫“离朱”，相传是黄帝时人，视力极好，能于百步之外见秋毫之末。

②公输子：名班，鲁国人，所以又叫鲁班，是春秋末年著名的木匠。

③规矩：规是画圆形的工具，矩是画直角或方形的工具。

④师旷：晋平公的乐师，是中国古代极有名的音乐家。

⑤六律：指阳六律而言，分别是：太簇、姑洗、蕤宾、夷则、无射、黄钟。相传黄帝时伶伦截竹为筒，以筒的长短分别声音的清浊高下，乐器之音即依以为准则，分阴阳各六，阳为律，阴为吕，合称十二律。

⑥五音：古代的音阶之名，即宫、商、角、徵、羽。古人通常以宫作为音阶的第一级音。

⑦不愆不忘，率由旧章：出自《诗经·大雅·假乐》，这是一首赞美周成王的诗歌。愆，走样、偏离。率，遵循。

⑧员：同“圆”。

⑨道揆：以义理度量事物。道，义理。揆，度也。

⑩完：坚牢。

⑪天之方蹶（guì），无然泄泄（yì）：引自《诗经·大雅·板》。蹶，动乱。泄泄，同“呭呭”，多言，议论。

〔译文〕

孟子说：“即使有离娄那样敏锐的视力，有公输班那样精巧的手艺，如果不使用圆规和曲尺，也画不出方形和圆形；即使有师旷那样的听力，如果不根据六律，也不能校正五音；即使有尧舜之道，如果不行仁政，也不能把天下治理好。现在有些诸侯虽有仁爱之心、仁爱之誉，但百姓却未能受到恩惠，也未能被后世效法，就是因为不实行先王之道的缘故。所以说，仅有善心不足以用来治理国政，仅有法度不能使之自行实施。《诗经》上说：‘不要有偏差也不要有遗忘，一切都依循传统的旧章。’遵守先王的法度而犯错误的，这是从来没有的事。

圣人既已竭尽了视力，又用圆规、曲尺、水准、墨线，来画方、圆、平、直，这些是用不胜用的；既已竭尽了听力，再加以六律以校正五音，这也是用不胜用的；既已竭尽了心思，再实行仁政，那么就可以使仁爱遍布天下了。所以说，筑高台一定要凭借山陵，挖深渊一定要凭借沼泽。如果治理国政不凭借先王之道，怎能说得上有智慧呢？因此唯有仁者适宜处在领导地位。不仁而处在领导地位，就等于把他的恶行散播给大众。

在上者没有道德规范，在下者无法则遵守；朝廷之士不相信道义，百工不相信尺度;君子触犯义理,百姓触犯刑法,国家还能生存下去的,那真是太侥幸了。所以说,城郭不坚固,武器不充足,并不是国家的灾害;土地没有开垦,财物没有积聚,也不是国家的祸害;在上者没有行为规范,在下者没有教育,作乱的小人都兴起了,那国家的灭亡就快了。《诗经》上说:'上天正在震怒,不要多言。'多言就是啰嗦。侍奉国君没有道义,进退之间没有礼仪,言谈诋毁先王之道,就是喋喋多言。所以说,用高标准责求君主才称为恭,陈述善良抵制邪恶才称为敬,认为君主不能为善称为贼。"

〔解读〕

此章节孟子论述的主题思想是法先王之道。之所以要法先王之道,是因为无规矩不成方圆,纵使是能工巧匠、异士能人,不借助一定的工具或准则也不能有所作为。先王之道是历代贤明君主的经验所在,是被事实证明的保国安民的可行之法,所以对于治理国家而言,君主要行先王之道,把仁爱之心推行下去,泽被百姓,平治天下。

除了强调法先王之道,孟子还主张"惟仁者宜在高位",上行下效,国家才能长治久安,若是不仁者居于统治地位,只能是散布罪恶于万民。所以,于一国而言,城郭、军备、田地、经济的不完备都不是最大的祸害,没有礼仪道义,没有法纪纲常,才是导致国家灭亡的最根本原因。这就要求君主与百官皆有仁者之心,法先王之道。总而言之,尧舜之道,仁爱之道也。

得天下以仁

孟子曰："三代之得天下也以仁，其失天下也以不仁。国之所以废兴存亡者亦然。天子不仁，不保四海；诸侯不仁，不保社稷[①]；卿大夫不仁，不保宗庙[②]；士庶人不仁，不保四体[③]。今恶死亡而乐不仁，是犹恶醉而强[④]酒。"

（《孟子·离娄上》）

〔注释〕

①社稷：土地神和农业神，古代在国都立社和稷的神庙，所以也用"社稷"来代称统治或政权。

②宗庙：卿大夫有采邑然后有宗庙，所以这里宗庙指采邑而言。

③四体：四肢。

④强：勉强。

〔译文〕

孟子说："夏、商、周三代得到天下是由于仁，他们失去天下是因为不仁。国家之所以兴盛或衰落、存续或灭亡也是如此。天子不仁不能保有天下，诸侯不仁不能保有国家，卿大夫不仁不能保有宗庙，士人、庶民不仁不能保有自身。如今憎恶死亡却乐于不仁，就好比憎恶醉酒却偏要勉强去喝酒。”

〔解读〕

孟子思想的核心在于一个“仁”字，由三代的得失可以总结为：仁与不仁是天下兴衰的根本原因，是存与亡的分界线。天子、诸侯、卿大夫、士人、庶民，从上至下，所有人都需要遵循仁道，否则就会失天下、社稷、宗庙，甚至连自身都难保。这是从反面说明仁道是社会最根本的规范，可以看出，孟子在这里依然是对“仁”的呼唤。

在文末，孟子运用了一个形象的比喻，人害怕死亡却在做不仁之事，就好像厌恶醉酒却要勉强去喝酒一样，运用生活中的悖逆现象，来说明抽象的道理，使人更易理解与醒悟。

得民心者得天下

孟子曰："桀纣之失天下也，失其民也；失其民者，失其心也。得天下有道：得其民，斯得天下矣；得其民有道：得其心，斯得民矣；得其心有道：所欲与之聚之，所恶勿施，尔也[①]。民之归仁也，犹水之就下、兽之走圹也[②]。故为渊殴鱼者，獭也[③]；为丛驱爵者，鹯也[④]；为汤武驱民者，桀与纣也。今天下之君有好仁者，则诸侯皆为之驱矣。虽欲无王，不可得已。今之欲王者，犹七年之病求三年之艾也[⑤]。苟为不畜，终身不得。苟不志于仁，终身忧辱，以陷于死亡。《诗》云[⑥]：'其何能淑，载胥及溺。'此之谓也。"

（《孟子·离娄上》）

〔注释〕

①尔也：如此。

②圹：同“旷”，旷野。

③为渊殴鱼者，獭也：渊指深水，獭指水獭，殴同“驱”。水獭善捕鱼，致使鱼儿都逃到深水去躲避。比喻实际效果与初衷相反，以下两句的含义与此类似。

④爵：同“雀”。　鹯（zhān）：一种似鹞的猛禽，亦称“晨风”。

⑤艾：赵岐注云：“艾可以为灸人病，干久益善，故以为喻。”艾是多年生草本植物，开黄色小花，可供针灸之用，治病用的艾草放的时间越久，效果越好。

⑥《诗》云：引自《诗经·大雅·桑柔》。淑，善、好的。胥，相互。

〔译文〕

孟子说：“桀、纣的丧失天下，是由于失去了天下的民众；之所以失去了天下的民众，是因为失去了他们的心。取得天下是有途径的，得到了天下的民众就取得了天下；得到天下的民众是有途径的，获得了他们的心就得到了天下的民众；获得民众的心是有途径的，他们想要的让他们积蓄起来，他们憎恶的不强加给他们，如此而已。民众归附仁政，犹如水往低处流、兽往旷野跑一样。所以，为深渊把鱼儿驱赶来的是水獭，为丛林把鸟雀驱赶来的是鹞鹰，为成汤、武王把民众驱赶来的是夏桀和殷纣。现今天下若是有喜好仁的国君，诸侯们都会为他驱赶民众，即使不想称王天下也是做不到的。现今那些要称王天下的人，好比患了七年的病要寻求三年的艾草来医治，假如不去栽培，是一辈子也找不到的。如果无意于仁政，就会一辈子忧患受辱，以致陷入死亡的境地。《诗经》说：‘他们怎么能善处，牵扯着溺入水中。’就是这个意思。”

〔解读〕

“得民心者得天下”是孟子仁政思想的重要部分，民心向背关系到国家存亡，夏、商、周三代兴衰成败的事实就是有力的证明。前事不忘，后事之师，历史的作用就在于能够让人总结经验教训。在孟子，得失天下就在于仁与不仁。取得天下是有方法的，那就是得到天下民众的追随，而要想得到民众就要得民心，得民心则要积蓄其所想要的，不强加其憎恶的，即顺从民意，与百姓息息相通。如此百姓归附于王，便如水流向下、兽往旷野一样的自然了。

孟子又指出，现今想要称王的君主，却不明白民心向背，孟子用七年之病求三年之艾来比喻他们。三年之艾需要时间去栽培，民心也需要慢慢地积累，然而妄图称王的君主，却不愿意实施仁政，如此只能忧患受辱，陷入死亡境地。

在这段文字中，孟子层层深入，逻辑清晰，从正反两方面入手，论证充分。

自暴自弃

孟子曰："自暴者①，不可与有言也②；自弃者，不可与有为也③。言非礼义④，谓之自暴也；吾身不能居仁由义，谓之自弃也。仁，人之安宅也；义，人之正路也。旷安宅而弗居，舍正路而不由⑤，哀哉！"

（《孟子·离娄上》）

〔注释〕

①暴：害。

②有言：固定词组，有善言。

③有为：固定词组，有所作为。

④非：毁坏。

⑤由：遵循，行走。

〔译文〕

孟子说："自己残害自己的人，不能和他谈论有价值的言语；自己抛弃自己的人，不能和他做出有价值的事业。出言破坏礼义，这便叫作自己残害自己；自己不能以仁居心，不能由义而行，这便叫作自己抛弃自己。仁是人类最安适的住宅，义是人类最正确的道路。把最安适的住宅空着不住进去，把最正确的道路舍弃不去遵循，可悲得很呀！”

〔解读〕

成语“自暴自弃”就出自此章节，现今一般解释为：自甘堕落，不求进取。但“自暴自弃”一词最初是孟子关于道德修养的概念，是有具体的指向性和浓厚的劝诫色彩的。朱熹《集注》就说：“此圣贤之深戒，学者所当猛省也。”孟子认为，出言破坏礼义就是自暴，不能居仁由义就是自弃，可见自暴自弃是针对仁、义而言的，仁是安适的住宅，义是正当的道路，是人须臾离不开的，所以有些人舍弃仁义，是很可悲的，是不能够有所作为的。可以看出，孟子怀着一颗悲悯之心，劝诫天下人居仁由义，不可自暴自弃。

无罪而杀士

孟子曰："无罪而杀士，则大夫可以去；无罪而戮民，则士可以徙。"

（《孟子·离娄下》）

〔译文〕

孟子说："没有罪名而处死士人，那么大夫就可以离去；没有罪名而处死百姓，那么士人就可以迁徙。"

〔解读〕

如果无罪而杀害士人，那灾祸离大夫也不远了；无罪而处死百姓，那士人也岌岌可危了。孟子在此想说明的是，这样滥杀无辜的君主是残暴昏庸的，君主无道，国将不国，君子应该明智地尽早离去，而不是固守君臣之道，一味地愚忠。孔子也曾有言"危邦不入，乱邦不居"。先秦时期的儒家学说中并没有像古代社会后期那样的"君让臣死，臣不得不死"的迂腐论调，而是择贤主而事，一旦君主昏聩无能，就可另谋明君。孟子此章不仅告诫君子机智处事，而且提醒君王要以仁爱之心对待臣子和百姓，宽以待人，否则会导致国家人才的流失。

人之异于禽兽

孟子曰："人之所以异于禽兽者几希，庶民去之，君子存之。舜明于庶物，察于人伦，由仁义行，非行仁义也。"

（《孟子·离娄下》）

〔译文〕

孟子说："人和禽兽不同的地方只有一点点，一般百姓丢弃它，君子保存了它。舜懂得事物的道理，了解人类的常情，于是从仁义之路而行，不是把仁义作为工具、手段来使用的。"

〔解读〕

人与动物的区别很小，然而正是这很小的一部分使得人与禽兽有别，孟子此处没有明说区别是什么，但是他曾说：无恻隐之心，非人也；无羞恶之心，非人也；无辞让之心，非人也；无是非之心，非人也。所以是人性之善、人之仁义使人类不同于禽兽之流。但在现实中，普通人丢失了它，君子保有了它。舜作为君子，懂得万物之理、人伦之情，由仁义而行，而不是带有功利之心去推行仁义，正如孔子所言“仁者安人，知者利仁”，即仁爱之人会以仁义安民，聪慧的人却只会利用仁义谋取利益。由仁义而行，以仁义安民，这正是舜的伟大之处。

人性之善

告子曰[1]："性犹杞柳也[2]；义犹桮棬也[3]。以人性为仁义，犹以杞柳为桮棬。"

孟子曰："子能顺杞柳之性而以为桮棬乎？将戕贼杞柳而后以为桮棬也[4]？如将戕贼杞柳而以为桮棬，则亦将戕贼人以为仁义与？率天下之人而祸仁义者，必子之言夫！"

告子曰："性犹湍水也[5]，决诸东方则东流，决诸西方则西流。人性之无分于善不善也，犹水之无分于东西也。"

孟子曰："水信无分于东西[6]。无分于上下乎？人性之善也，犹水之就下也。人无有不善，水无有不下。今夫水，搏而跃之[7]，可使过颡[8]；激而行之[9]，可使在山。是岂水之性哉？其势则然也。人之可使为不善，其性亦犹是也。"

（《孟子·告子上》）

〔注释〕

①告子：人名，生平不详，大约做过孟子的学生。

②性：人的本性。　杞柳：树名，枝条柔韧，可以用来编织器物。

③桮棬（bēiquān）：古代一种木质的饮器，用以盛汤、酒。

④戕（qiāng）贼：伤害；残害。

⑤湍（tuān）：水势急速。

⑥信：确实。

⑦搏：拍击。

⑧颡（sǎng）：额头。

⑨激：水势受阻而飞溅。

〔译文〕

告子说："人的本性好比是柳树，义好比是杯盘；使人性变得仁义，就好像是用柳树做成杯盘。"

孟子说："你是顺着柳树的本性把它做成杯盘呢？还是伤害它的本性来做成杯盘？如果是要伤害柳树的本性来做成杯盘，那你也会伤害人的本性来使人变得仁义吗？率领天下人来损害仁义的，一定是你的这种学说吧。"

告子说："人的本性就好比湍急的河水，在东边冲开缺口就向东流，在西边冲开就向西流。人的本性没有善和不善的区别，就好像水流的方向没有东边和西边的区别。"

孟子说："水流的方向确实不分东西。难道也不分上下么？人的本性是善的，就好比水向下流。人的本性没有不善的，水的流向没有不朝下的。当然，如果用力拍水使它高高溅起，可以高过额头；而想办法堵塞它使它倒流，可以引上高山。这难道是水的本性么？这是形势导致它这样。人之所以可以变得不善良，本性的变化也是一样的。"

〔解读〕

告子是战国时期的思想家，生平经历不详，汉代的赵岐考证他是孟子的学生。《告子篇》中，告子和孟子围绕着"人性"是否本善，展开了层层递进的辩论。《孟子》中说理和辩论，都善用比喻，形象而生动地阐述抽象的理论。选段本为两章，但都围绕同一个话题展开，孟子和告子用了两个比喻，从两个层面来区分人性。首先，告子用杞柳与桮棬来比喻人性与仁义，其实是将人的肉体层面的生命和道德层面的生命区分开来。但孟子认为，仁义固然需要后天的塑造，但人性中本来就存在仁义的特质，后天的塑造只不过是顺着仁义的本质将其展现出来。其次，告子用水流的方向为比喻，来说明人性不分善恶，就像流水不分东西。但是孟子认为，流水固然不分东西，但有上下之分，人性中不善的倾向是外部环境造成的。

“名实”之辩

淳于髡曰[①]：“先名实者[②]，为人也；后名实者，自为也。夫子在三卿之中[③]，名实未加于上下而去之，仁者固如此乎？”

孟子曰：“居下位，不以贤事不肖者，伯夷也；五就汤，五就桀者，伊尹也；不恶污君，不辞小官者，柳下惠也。三子者不同道，其趋一也。一者何也？曰：仁也。君子亦仁而已矣，何必同？”

曰：“鲁缪公之时，公仪子为政[④]，子柳、子思为臣[⑤]，鲁之削也滋甚[⑥]。若是乎，贤者之无益于国也！”

曰：“虞不用百里奚而亡[⑦]，秦穆公用之而霸。不用贤则亡，削何可得与？”

曰：“昔者王豹处于淇[⑧]，而河西善讴[⑨]；绵驹处于高唐[⑩]，而齐右善歌[⑪]；华周、杞梁之妻善哭其夫[12]，而变国俗。有诸内，必形诸外。为其事而无其功者，髡未尝睹之也。是故无贤者也，有则髡必识之。”

曰：“孔子为鲁司寇，不用，从而祭，燔肉不至[13]，不税冕而行[14]。不知者以为为肉也，其知者以为为无礼也。乃孔子则欲以微罪行，不欲为苟去。君子之所为，众人固不识也。”

（《孟子·告子下》）

〔注释〕

①淳于髡（kūn）：姓淳于，名髡，齐国著名的政治家和思想家，曾仕于齐威王、齐宣王和梁惠王之朝，后在齐国主持稷下学宫（位于齐国国都临淄稷门附近，是官办的高等学府），是稷下先生中最有名望的一位。

②名：声誉。 实：事功、功业。

③三卿：指上卿、亚卿、下卿。

④公仪子：即公仪休，曾任鲁国的相。

⑤子柳：即泄柳，孔子的学生，七十二贤人之一，曾任鲁缪公的卿。 子思：孔子的孙子，名伋。

⑥削：兵败削地。

⑦百里奚：姜姓，百里氏，名奚，虞国人。秦穆公用五张黑羊皮从市井之中换

回，是一代名相，称“五羖（gǔ）大夫”。

⑧王豹：卫国人，善于唱歌。 淇：淇水，卫国河流名。

⑨河西：齐国在黄河之东，卫国在它的西边。

⑩绵驹：一位善于唱歌的人。 高唐：齐国邑名，故城在今山东虞城县西南。

⑪齐右：高唐在齐国西部，若按古代上南下北的方位观念论，西在右，所以称齐右。

⑫华周、杞梁之妻善哭其夫：华周即华旋，杞梁即杞殖，二人都是齐国大夫，在齐国攻打莒国时战死，传说他们的妻子闻讯后，对着城墙痛哭，把城墙哭塌了，齐国人受到感染，以至善哭成风。

⑬燔（fán）肉：即祭祀的肉，又叫作福肉。按照古礼，宗庙、社稷等祭祀活动，必须分赐祭肉给同姓之国以及有关的人，表示“同福禄”。

⑭不税（tuō）冕而行：表示匆忙，因为冕只是用于祭祀，平常不戴。

〔译文〕

淳于髡说：“重视名誉功业是为了济世救民，轻视名誉功业是为了独善其身。您身为齐国三卿之一，对于上辅君王、下济臣民的名誉和功业都没有建立，您就要离开，仁人原来就是这样的吗？”

孟子说：“处在低下的地位，不以贤人的身份侍奉不贤的君主，这是伯夷的态度；五次到汤那里做事，又五次到桀那里做事，这是伊尹的态度；不讨厌昏庸的君主，不拒绝微贱的职位，这是柳下惠的态度。三个人的行为不相同，但方向是一致的。一致的是什么呢？应该说，就是仁。君子只要仁就行了，为什么一定要相同呢？”

淳于髡说：“当鲁缪公的时候，公仪子主持国政，子柳、子思也都立于朝廷，然而鲁国的疆土被别国侵夺却更加严重。贤人无益于国家就像这样的呀！”

孟子说：“虞国因为不用百里奚而亡国，秦穆公用了他因而称霸。不用贤人就会亡国，兵败时只是想割让点地方办得到吗？”

淳于髡说：“从前王豹居住在淇水边，河西的人因此善于唱歌；绵驹居住在高唐，齐国西部的人因此善于唱歌；华周、杞梁的妻子痛哭他们的丈夫，因而改变了一国风气。内心有什么，必然会表现在外面。如果从事某种工作却见不到功绩，我还没有见过这种情况。所以现在是没有贤人，如果有，我一定会知道他。”

孟子说：“孔子担任鲁国的司寇，不受信任，跟随鲁君去祭祀，祭肉不按规定送来，孔子于是顾不上脱掉祭祀时所戴的礼帽就匆忙离开了。不了解孔子的人以为他是为争祭肉而离开的，了解孔子的人以为他是因为鲁国的失礼而离开的。至于孔子，却正想背点小罪名离开，不想随便弃官而去。君子所做的事，一般人本来就是不理解的。”

〔解读〕

此章节是孟子与稷下先生淳于髡关于名实的有名争论，发生在齐宣王八年，孟子准备弃官而去离开齐国时。

淳于髡一开口便语带锋芒，用激将法指责孟子名实不符、无功而走，认为孟子徒有仁者之名，却不去建功立业、济世救民。因为按照淳于髡的主张，“有诸内，必形诸外”，也就是说，如果你是一位高尚的仁人贤者，那么必定要通过匡正君主、建功立业表现出来，否则就是徒自拥有仁者的虚名。对此，孟子以伯夷、伊尹、柳下惠三人行为不同却目标一致来回应他，说明不侍奉不贤明的君主。其实齐宣王并非不够贤明，只是他根本不重用孟子，孟子离开是因为壮志难酬。

接着，淳于髡以泄柳、子思为例，以当时鲁国的大肆削地讽刺孟子在齐国的不作为，而孟子也以百里奚和秦国的称霸再次强调君主贤明的重要性，并且用孔子的做法来说明自己只是借着小问题而达到辞官的目的。

统观二人的论辩，其实是各自的标准不同，一是建功立业，一是择贤主而辅助之。二人虽观点不同，但都多才善辩。

五霸，三王之罪人也

孟子曰："五霸者[①]，三王之罪人也[②]；今之诸侯，五霸之罪人也；今之大夫，今之诸侯之罪人也。天子适诸侯曰巡狩，诸侯朝于天子曰述职。春省耕而补不足，秋省敛而助不给。入其疆，土地辟，田野治，养老尊贤，俊杰在位，则有庆[③]；庆以地。入其疆，土地荒芜，遗老失贤，掊克在位[④]，则有让[⑤]。一不朝，则贬其爵；再不朝，则削其地；三不朝，则六师移之[⑥]。是故天子讨而不伐[⑦]，诸侯伐而不讨。五霸者，搂诸侯以伐诸侯者也[⑧]，故曰：五霸者，三王之罪人也。五霸，桓公为盛。葵丘之会[⑨]，诸侯束牲载书而不歃血[⑩]。初命曰：'诛不孝，无易树子[⑪]，无以妾为妻。'再命曰：'尊贤育才，以彰有德。'三命曰：'敬老慈幼，无忘宾旅。'四命曰：'士无世官，官事无摄，取士必得[⑫]，无专杀大夫[13]。'五命曰：'无曲防[14]，无遏籴[15]，无有封而不告[16]。'曰：'凡我同盟之人，既盟之后，言归于好。'今之诸侯皆犯此五禁，故曰：今之诸侯，五霸之罪人也。长君之恶其罪小[17]，逢君之恶其罪大[18]。今之大夫皆逢君之恶，故曰：今之大夫，今之诸侯之罪人也。"

（《孟子·告子下》）

〔注释〕

①五霸：春秋时代先后称霸的五个诸侯，其说法有多家，一般以齐桓公、宋襄公、晋文公、秦穆公、楚庄王为五霸。

②三王：夏禹、商汤、周文王武王。

③庆：赏。

④掊（póu）克：以苛税敛聚财物。

⑤让：责让。

⑥六师：按周代制度规定，天子设六军，大国诸侯设三军。此处的六师即指天子的军队。　移之：讨伐他。

⑦讨而不伐：朱熹《集注》云："讨者，出命以讨其罪，而使方伯连帅帅诸侯以伐之也；伐者，奉天子之命，声其罪而伐之也。"

⑧搂：带领、拉拢。

⑨葵丘之会：齐桓公于前651年在葵丘（今河南兰考）邀集鲁、宋、卫、郑、

许、曹等国举行的一次重要会盟，通过这次会盟，齐国的霸权正式确定。

⑩束牲载书：不宰杀牺牲（祭祀用的牲畜），将盟书用函装起来，放在牺牲上。 歃血，亦作喋血，是用口微吸牲血表示信守盟约不渝。

⑪无易树子：赵岐注云：“树，立也。已立世子不得擅易也。”

⑫得：得到贤人。

⑬专杀：擅自杀害。

⑭曲防：曲在此处有“遍”的意思，《易·系辞》云：“曲成万物而不遗。”防，堤防的意思。当时的诸侯们以邻为壑，自筑堤防，使邻国造灾，所以盟约申明禁止。

⑮遏籴（dí）：禁止采购粮食。

⑯有封而不告：有封赏而不告知盟主。

⑰长：助长。

⑱逢：逢迎。

〔译文〕

孟子说：“五霸是三王的罪人，现今的诸侯是五霸的罪人，现今的大夫是现今诸侯的罪人。天子巡行诸侯叫作巡狩，诸侯朝见天子叫作述职。春天视察耕种，补助贫困；秋天视察收获，周济歉收。进入诸侯的疆界，土地开垦，田野整治，赡养老人，尊重贤者，杰出的人担任官职，就给予赏赐，赏给土地。进入诸侯的疆界，土地荒废，遗弃老人，疏远贤者，搜刮钱财的人担任官职，就给予责罚。诸侯一次不来朝见就贬低他的爵位，两次不来朝见就削减他的土地，三次不来朝见就调动六军讨伐他。所以天子声讨而不征伐，诸侯征伐而不声讨。五霸是带领着诸侯来征伐诸侯的人，所以说五霸是三王的罪人。五霸，以齐桓公的功业最为卓著。在葵丘的盟会上，诸侯们备妥了牺牲、盟书而不歃血。第一条盟约说：‘诛除不孝，不改立太子，不立妾为妻。’第二条盟约说：‘尊重贤者，养育人才，以此表彰德行。’第三条盟约说：‘敬奉老人，爱护幼小，不怠慢宾客、旅人。’第四条盟约说：‘士人不世袭官职，官职不兼任，录用士人一定要得当，不要独断独行地杀戮大夫。’第五条盟约说：‘不要到处筑堤，不要禁止邻国来采购粮食，不要有所封赏而不报告盟主。’最后说，所有我们参与盟会的人从订立盟约以后，完全恢复旧日的友好。今日的诸侯都违反了这五条禁令，所以说，今天的诸侯，对五霸来说是有罪之人。君主有恶行，臣子加以助长，这罪行还小；君主有恶行，臣子加以逢迎，这罪行可就大了。而今天的大夫，都逢迎君主的恶行，所以说，今天的大夫，对诸侯来说又是有罪之人。”

〔解读〕

战国时代礼崩乐坏，功利为上，征伐不断，民不聊生，对于这样的局面，孟子进行了批评和反省，本章节就是通过与古代圣贤的对比，指责战国各国君、大夫的过失，从中可以看出孟子对三王、五霸及现今诸侯、大夫的不同看法。孟子推行王道，反对霸道，认为现在纷乱的社会状况是自上而下逐步导致的。三王时期实行仁政，天子巡狩、诸侯述职，各安其职，保国安民，对于不朝见的诸侯，天子只声讨而不征伐，上下遵守礼制的规定，是最好的社会状态。而五霸实行霸道政治，带领诸侯征伐诸侯，因而相对于三王而言，五霸是罪人。各诸侯国实力起伏、激烈兼并之时，葵丘之会后齐国称霸，在会上制定了五条盟约，然而现在的诸侯都违背了，各行其是，因而诸侯对于五霸来说也是罪人。但在孟子看来，这还不是最严重的问题，士大夫助长国君的恶行，其根源固然在于国君本身做法的错误，但最大的罪过还是如今的士大夫逢迎国君的恶行，属于故意诱导君王犯错，所以现今的士大夫是现今诸侯的罪人。

概而言之，孟子对于时政的批评，看到了从上至下的影响，也指出了改变必须自下而上逐步而行，从卿大夫至诸侯国君都要做出改变，否则就是最大的恶行。

仁义不可胜用

孟子曰："人皆有所不忍，达之于其所忍，仁也；人皆有所不为，达之于其所为，义也。人能充无欲害人之心，而仁不可胜用也；人能充无穿逾之心①，而义不可胜用也；人能充无受尔汝之实②，无所往而不为义也。士未可以言而言，是以言餂之也③；可以言而不言，是以不言餂之也，是皆穿逾之类也。"

（《孟子·尽心下》）

〔注释〕

①穿逾：穿穴逾墙，指行窃。

②无受尔汝之实：尔、汝是古代尊长对卑幼的称呼，如果平辈之间使用这些称呼，就表示对对方的轻贱。这句话的意思是说，若要不受别人的轻贱，自己就应该先有不轻视他人的言语行为。

③餂（tiǎn）：探取，取物。

〔译文〕

孟子说："每个人都有不忍心干的事，把它扩充到所忍心干的事上，便是仁；每个人都有不肯干的事，把它扩充到所肯干的事上，便是义。人能够把不想害人的心扩展开来，那么仁便用不尽了；人能够把不挖洞翻墙（行窃）的心扩展开来，那么义就用不尽了；人能够把不受轻贱的言语行为扩展开来，那么无论到了哪里都合乎义了。士人不可以与他交谈而去交谈，这是用言语试探对方以便自己取利；可以同他谈论却不去谈论，这是用沉默来诱惑对方以便自己取利，这些都是挖洞翻墙一类的行为。"

〔解读〕

在孟子看来，仁、义不仅仅指道德品行，也是行为的基本原则，而在具体的行为中做到仁与义其实并不难。人总有一些不忍心做的事情，把这种不忍之心扩大到从前所忍心的对象上，就是仁了。同样，义的表现也是如此。其实，仁、义是这些事情的界限所在，在仁、义的界限之外是不忍心、不肯干的，在界限之内是内心容许的、可以做的。所以在仁、义的行为具体表现出来之前，其实是先在内心作出了抉择，是忍心、肯干的界限范围有了变化。孟子在阐述这一观点后，又进行了举例论证，如害人之心、行窃之心、轻贱他人之行以及士人通过言语或沉默取利的行为，作为对理论的补充，使得论述充实丰满。

君子之道

大王去邠[1]

滕文公问曰[2]："滕，小国也。竭力以事大国，则不得免焉[3]，如之何则可？"

孟子对曰："昔者大王居邠，狄人侵之。事之以皮币[4]，不得免焉；事之以犬马，不得免焉；事之以珠玉，不得免焉。乃属其耆老而告之曰[5]：'狄人之所欲者，吾土地也。吾闻之也：君子不以其所以养人者害人。二三子何患乎无君？我将去之。'去邠，逾梁山[6]，邑于岐山之下居焉[7]。邠人曰：'仁人也，不可失也。'从之者如归市[8]。或曰：'世守也，非身之所能为也[9]。效死勿去。'君请择于斯二者。"

（《孟子·梁惠王下》）

〔注释〕

①大（tài）王：即周太王。　去：离开。　邠（bīn）：即豳，在今陕西旬邑县西。

②滕文公：滕国的一位国君，死后谥为“文”。滕是周朝的一个弱小国家，始祖是周文王之子错叔，故城在今山东滕县西南。

③免：免于侵犯和危险。

④皮币：毛皮和束帛。

⑤属（zhǔ）：召集，集合。　耆（qí）老：古代六十曰耆，七十曰老，此处统称年老的人。

⑥梁山：在今山西乾县西北五里，太王必须越过梁山，才能逃避狄人的侵扰。

⑦邑：动词，建筑城邑。

⑧归市：赶去集市。归，趋向。

⑨身：本人。

〔译文〕

滕文公问道：“滕是个弱小的国家，尽心竭力地侍奉大国，仍然难免于祸害，应该要怎么办才行？”

孟子回答说：“过去太王居住在邠地，狄人来侵犯他。太王把毛皮和束帛奉献给他们，仍然不能免于被侵犯；把良犬名马奉献给他们，也不能免于被侵犯；把珠宝玉器奉献给他们，也不能免于被侵犯。于是就召集邠地的长老告诉他们说：‘狄人所想要的，是我们的土地。（土地只是养人之物。）我听说：君子不能为养人之物反而使人遭到祸害。你们何必担心没有君主呢？我准备离开这儿。（免得你们受害。）’于是离开邠地，越过梁山，在岐山之下重新筑城定居。邠地的百姓说：‘这是一位有仁德的人，不可以失去他啊！’追随他而去的好像赶市集一样。也有人说：‘这是世代相守的地方，不是自身所能做得了主的。宁可献出生命也不肯离去。’您可以在这两种做法中选择一种。”

〔解读〕

滕国是弱小之国，处于齐、楚之间，想要在七国争雄、纷争不断的时代维持下来确实不易。滕文公的想法是利用外交手段来取得生存，因此竭力侍奉其他大国，然而国家仍然内忧外患，事实证明这是靠不住的，于是向孟子发问。对此，孟子认为，与其卑躬屈膝不如自力更生，主张学习周太王的事迹，希望滕文公能够成为周太王那样仁德的君主，为了不牵连百姓而选择逃走。然而，这样的做法，只是孟子的一厢情愿，滕文公未必会这样去做，所以在论述的最后还是把选择权留给了滕文公，让他也可以选择拼死捍卫祖宗的基业。孟子理想中的君主怕是只能存于理想中了。

浩然之气

“敢问夫子恶乎长？”

曰：“我知言，我善养吾浩然之气①。”

“敢问何谓浩然之气？”

曰：“难言也。其为气也，至大至刚，以直养而无害，则塞于天地之间。其为气也，配义与道；无是，馁也。是集义所生者，非义袭而取之也。行有不慊于心②，则馁矣。我故曰，告子未尝知义，以其外之也。必有事焉，而勿正③，心勿忘，勿助长也。无若宋人然：宋人有闵其苗之不长而揠之者④，芒芒然归⑤，谓其人曰⑥：‘今日病矣⑦，予助苗长矣。’其子趋而往视之⑧，苗则槁矣。天下之不助苗长者寡矣。以为无益而舍之者，不耘苗者也⑨；助之长者，揠苗者也——非徒无益，而又害之。”

（《孟子·公孙丑上》）

〔注释〕

①浩然：朱熹《集注》云："盛大流行之貌。"

②慊（qiè）：快意，满足。

③正：目标，目的。

④闵：忧伤。揠（yà）：拔。

⑤芒芒然：疲惫的样子。

⑥其人：家人。

⑦病：疲倦

⑧趋：快步走。

⑨耘：除草。

〔译文〕

（公孙丑）说："请问夫子擅长什么？"

孟子说："我善于分析别人的言辞，也善于培养我的浩然之气。"

公孙丑又问道："请问什么叫作浩然之气呢？"

孟子说："这就难以说得明白了。那一种气，最伟大，最刚强，用正义去培养它，一点不加伤害，就会充满上下四方，无所不在。那种气，必须与义和道配合；缺乏了它，就没有力量了。那一种气，是由正义的经常积累所产生的，不是偶然的正义行为所能取得的。只要做一件于心有愧的事，那种气就会疲软了。所以我说，告子不曾懂得义，因为他把义看成心外之物。（必须把义看成心内之物，）一定要培养它，但不要有特定的目的；时时刻刻地记住它，但是也不能违背规律地帮助它生长。不要学宋国人那样。宋国有一个担心禾苗不长而去把它拔高些的人，十分疲倦地回去，告诉家人说：'今天累坏了，我帮助禾苗生长了。'他儿子赶快跑去一看，禾苗都枯萎了。普天之下不帮助禾苗生长的人是很少的。以为帮助没有益处而放弃不干的，就是那不除草的懒汉；违背规律去帮助它生长的，就是拔高禾苗的人。这种助长行为不但没有益处，反而会伤害它。"

〔解读〕

孟子一生忧患，游走列国，有善辩的名声，然而孟子的自我评价是"知言"，即善于分析他人的语言。确实，孟子为理想而四处奔走游说君王，自然比常人更懂得察言观色，如何在完整表达自己观点的同时，又让对方理解而并不反感，这不仅是一种高级的谈话技巧，更是对对方的一种尊重。

此选段的重点其实在于孟子提出"浩然之气"的论断，并阐述了"养气"的方式问题。何谓"浩然之气"，如何"养气"，孟子的回答是"其为气也，至大至刚"，并且需要"配义与道""集义所生"，概而言之，指的是一个人的意志力，是一种道德修养，是一种精神面貌；这种人生的修养不是偶然产生的，而是义的积累，需要不懈地坚持，而后才可"塞于天地之间"，绝对不可如宋人一般揠苗助长，这样只会"非徒无益，而又害之"。

孟子自言"善养浩然之气"，他的行为也处处体现出他的浩然之气，或进或退，始终不忘初心，坚持自我的原则，充分展现出他是一位心怀天下的真正的君子、士人。这种精神对后世仁人志士的修身养性和人格培养产生了深远影响，如南宋的爱国英雄文天祥在狱中所作的《正气歌》：“天地有正气，杂然赋流形。下则为河岳，上则为日星。于人曰浩然，沛乎塞苍冥……三纲实系命，道义为之根……”便是化用孟子的浩然之气，直抒胸臆，大义凛然。我们相信，孟子的精神会代代相传，不会随时间的流逝而湮灭于历史中。

与人为善

孟子曰："子路，人告之以有过则喜。禹闻善言则拜[①]。大舜有大焉[②]，善与人同[③]，舍己从人，乐取于人以为善。自耕稼、陶、渔以至为帝[④]，无非取于人者。取诸人以为善，是与人为善者也。故君子莫大乎与人为善。"

（《孟子·公孙丑上》）

〔**注释**〕

①禹：舜时的贤臣，曾奉命治水，后来接替舜当了君主，建立夏朝。

②有：同"又"。

③善与人同：自己有优点，希望别人同自己一样；别人有长处，就向别人学习。

④耕稼、陶、渔：《史记·五帝本纪》记载："舜耕历山，历山之人皆让畔；渔雷泽，雷泽之人皆让居；陶河滨，河滨器皆不苦窳（yǔ）。"耕稼，种庄稼。陶，制作陶器。渔，打鱼。

〔译文〕

孟子说："子路，别人指出他的过错，他就高兴。禹，听到了善言，就拜谢。伟大的舜又超过了他们，好品德愿和别人共有，抛弃缺点、学人长处，乐于吸取别人的优点来做善事。从他种庄稼、制陶器、打鱼直到成为天子，没有一处优点不是从别人那里学来的。吸取众人的长处来做善事，这就是偕同别人一道行善。所以君子没有比偕同别人一起行善更好的了。"

〔解读〕

此一小节旨在阐述与人为善，但是与我们通常说的善意地给予别人帮助不同，孟子强调的是与他人一起行善。先从子路的"闻过则喜"，即乐于别人指出自己的错误说起；再说大禹也有此优点，听到善言还要拜谢对方；紧接着又指出大舜的"与人为善"更高一层次，不仅过而能改，乐于吸取长处，还真真切切地付诸实践。其实这便是"见贤思齐"的具体表现，反观自身、取长补短，这不仅告诫君主要善于吸收众人的智慧，也提示人们要善于吸取优点而改正缺点。

焉有君子而可以货取乎

陈臻问曰[①]："前日于齐，王馈兼金一百而不受[②]；于宋，馈七十镒而受；于薛[③]，馈五十镒而受。前日之不受是，则今日之受非也；今日之受是，则前日之不受非也。夫子必居一于此矣。"

孟子曰："皆是也。皆适于义也。当在宋也，予将有远行，行者必以赆[④]，辞曰：'馈赆。'予何为不受？当在薛也，予有戒心[⑤]，辞曰：'闻戒。故为兵馈之。'予何为不受？若于齐，则未有处也[⑥]。无处而馈之，是货之也[⑦]。焉有君子而可以货取乎？"

（《孟子·公孙丑下》）

〔注释〕

①陈臻：孟子的学生。

②兼金：好金。因其价格双倍于普通金，所以称为“兼金”。 一百：一百镒（yì）。古代一镒为一金，一镒为二十两。

③薛：春秋时的薛国此时已亡于齐，这里的薛是指齐国靖郭君田婴的封地，故城在今山东滕县东南四十四里。

④赆（jìn）：送给出行者的礼物或金钱。

⑤戒心：戒备意外发生。根据赵岐的注释，当时有恶人要害孟子，所以孟子有所戒备。

⑥未有处：没有出处，这里指没有理由接受礼物的意思。

⑦货：动词，收买，贿赂。

〔译文〕

陈臻问道：“以前在齐国，齐王送给您好金一百镒，您不接受；到宋国的时候，宋君送给您七十镒，您却接受了；在薛地，薛君送给您五十镒，您也接受了。如果过去的不接受是正确的，那后来的接受便是错误的；如果后来的接受是正确的，那以前的不接受便是错误的。老师一定有一种做法是错误的。”

孟子说：“都是正确的。都是符合道义的。当在宋国的时候，我准备远行，对远行的人一定要送些盘缠。所以宋王说：‘送上一些盘缠。’我怎么不接受呢？当在薛地的时候，我听说路上有危险，需要戒备，薛君说：‘听说您需要戒备，所以送上一点买兵器的钱。’我怎么能不接受呢？至于在齐国，则没有任何理由。没有理由却要送给我一些钱，这等于是用钱来收买我。哪里有君子可以拿钱收买的呢？”

〔解读〕

《礼记·曲礼上》曰“临财毋苟得”，意思是不要随便地求取钱财，此章中孟子与弟子的对话，就很好地诠释了这句话。孟子对待各国君主的馈赠或接受或不受，陈臻对此表示不理解，孟子的回答是因需而受，不接受无缘无故的馈赠，也不因钱财的多少而拒绝或接受，始终坚持现实需要的原则，否则就有被贿赂的嫌疑，而君子是不能够被收买的，所以要拒绝毫无缘由的馈赠，从中也反映出孟子的灵活变通。

子曰：“不义而富且贵，于我如浮云。”孔子此说当然不是反对人们追求富贵，因为富贵是人之所欲，任何人都不能要求他人安贫乐道。但不符合道义而得来的富贵，君子是不屑于享受的。“君子喻于义”，君子的道德人格是以义为先的，更何况“舍生取义”的孟子，怎能是一点点钱财就可收买的？

士诚小人也

孟子去齐。尹士语人曰[①]："不识王之不可以为汤武，则是不明也；识其不可，然且至，则是干泽也[②]。千里而见王，不遇故去，三宿而后出昼，是何濡滞也[③]？士则兹不悦。"

高子以告[④]。

曰："夫尹士恶知予哉？千里而见王，是予所欲也；不遇故去，岂予所欲哉？予不得已也。予三宿而出昼，于予心犹以为速，王庶几改之[⑤]！王如改诸，则必反予。夫出昼，而王不予追也，予然后浩然有归志[⑥]。予虽然，岂舍王哉！王由足用为善[⑦]；王如用予，则岂徒齐民安，天下之民举安。王庶几改之，予日望之！予岂若是小丈夫然哉[⑧]？谏于其君而不受，则怒，悻悻然见于其面[⑨]，去则穷日之力而后宿哉？"

尹士闻之，曰："士诚小人也。"

（《孟子·公孙丑下》）

〔注释〕

①尹士：齐国人。

②干泽：求取恩泽、恩惠。

③濡滞：滞留为久，长期停留。

④高子：孟子的学生。

⑤庶几：也许、可能。

⑥浩然：像不可止住的流水一样。

⑦由：同“犹”。　足用：足以。

⑧是：这，这样的。

⑨悻悻然：愤恨难平的样子。　见：同“现”。

〔译文〕

孟子离开了齐国。有个叫尹士的人就对别人说：“不知道齐王不能够做商汤、周武，那便是孟子的糊涂；知道他不行，然而还要来，那便是孟子贪求富贵。不远千里来见齐王，得不到赏识因而离去，却在昼邑留宿三夜才上路，为什么如此迟缓呢？我就看不惯这种做法。”

高子把尹士的话告诉孟子。

孟子说：“尹士哪里会理解我呢？不远千里来见齐王是我所愿意的，得不到赏识因而离去，难道是我所愿意的吗？我是不得已啊！我在昼邑留宿三夜才上路，从我内心来说还觉得急促，（因为）齐王也许会改变态度。齐王如果改变了态度就必定会召回我，我离开了昼邑而齐王没有追寻我，我才毫无留恋地有返回故乡的决心。我虽然这样做，难道会抛下齐王吗？齐王还足以做点好事，齐王若能信用我，不但齐国的民众得以平安，天下的民众都能平安。齐王也许会改变态度，我每天都在盼望。我难道是那种气量狭小的人吗？向君王进谏而不被接受就发怒，愤恨难平的神色便表现在脸上，难道离去了非得用尽气力走上一天才留宿吗？”

尹士听到这些话以后，说：“我真是个小人。”

〔解读〕

读罢此章，深深感受到“古来圣贤皆寂寞”一句的含义，孟子便是如此，他的仁政主张不被赏识，他的所作所为不被理解，但是他依然以天下为己任，充分反映了孟子高度的道德责任感。朱熹《集注》中说：“此章见圣贤行道济时汲汲之本心，爱君泽民惓惓之余意。”后世有人用“三宿”来指称留恋禄位，实在是对孟子的误读。

孟子离开齐国，是怀着遗憾和期待的，遗憾的是齐王没有采纳自己的政治主张，期待的是齐王回心转意挽留于他，所以在昼邑留宿了三夜才毫无留恋地离去了。对于这样的离开方式，尹士显然是不理解的，认为是一种贪求富贵、留恋禄位的做法，而孟子的回答中流露出的却是大丈夫对天下、民众、君主的无限期待和无可奈何，走走停停，留宿三夜，期间内心的企盼是多么强烈，最后面对的却是现实的无情，齐王没有挽留他，他带着内心的失落离开了。这种君子对天下的任重道远的做法，非一般人能够企及，无怪乎尹士要说自己是小人之心了。

反对枉尺而直寻

陈代曰[1]："不见诸侯，宜若小然；今一见之，大则以王，小则以霸。且志曰：'枉尺而直寻[2]'，宜若可为也。"

孟子曰："昔齐景公田，招虞人以旌[3]，不至，将杀之。志士不忘在沟壑，勇士不忘丧其元[4]。孔子奚取焉？取非其招不往也，如不待其招而往，何哉？且夫枉尺而直寻者，以利言也。如以利，则枉寻直尺而利，亦可为与？昔者赵简子使王良与嬖奚乘[5]，终日而不获一禽。嬖奚反命曰：'天下之贱工也。'或以告王良。良曰：'请复之。'强而后可，一朝而获十禽。嬖奚反命曰：'天下之良工也。'简子曰：'我使掌与女乘[6]。'谓王良。良不可，曰：'吾为之范我驰驱[7]，终日不获一；为之诡遇[8]，一朝而获十。诗云：不失其驰，舍矢如破[9]。我不贯与小人乘[10]，请辞。'御者且羞与射者比[11]。比而得禽兽，虽若丘陵，弗为也。如枉道而从彼，何也？且子过矣：枉己者，未有能直人者也。”

（《孟子·滕文公下》）

〔注释〕

①陈代：孟子的学生。

②枉尺而直寻：弯曲一尺而伸展八尺，比喻以小的牺牲而换取大的成就。枉，弯曲。寻，八尺。

③招虞人以旌：用旌旗召唤虞人。虞人，守园林的官吏。古代君王有所召唤，一定要有相应的标志，召唤大夫用旌旗，召唤士用弓，召唤虞人用皮冠。所以虞人不理会齐景公用旌旗的召唤。

④不忘：不怕。　元：首，脑袋。

⑤赵简子：赵鞅，晋国的正卿。　王良：春秋末年著名的善于驾车的人。　嬖（bì）奚：赵简子的宠臣，名奚。

⑥掌：掌管，负责。　女：同“汝”。

⑦范我驰驱：纳我的驰驱于规范之中。根据《穀梁传·昭公八年》记载，驾驭田猎的车，尘土飞扬不能出于轨道，马蹄应该发足相应，快慢合拍。范，作动词用。

⑧诡遇：不按规范驾车。

⑨不失其驰，舍矢如破：出自《诗经·小雅·车攻》，意思是按规范驾车，箭放出后就能射中目标。

⑩贯：同“惯”，习惯。

⑪比：并列。

〔译文〕

陈代说：“不去谒见诸侯，似乎只是拘泥于小节吧；如今去见诸侯，大呢可以实行仁政，统一天下，小呢可以称霸一方。而且《志》上说：‘屈曲一尺而伸展八尺。’这事好像是可以做的。”

孟子说：“从前齐景公田猎时，用旌旗召唤管理园林的官吏，这个官吏不去，景公便准备杀掉他。（可他并不畏惧，曾经因此得到孔子的称赞。）有志之士不怕自己葬身沟壑，有勇之士不怕丢脑袋。孔子会取哪一种呢？就是取不是自己所应该接受的召唤之礼，他便不去。如果不待其召唤就前往，那算什么呢？况且你所说的屈曲一尺而伸展八尺的说法，完全是从利的观点来说的。如果要说利，那么屈曲八尺而伸展一尺有利，是否也能做呢？从前赵简子派王良为他宠幸的小臣奚驾车田猎，一整天捕不到一只兽。宠臣奚回去汇报说：‘王良是天下最差的车手。’有人把这话告诉了王良，王良说：‘请让我们再去一次。’奚勉强同意后才肯去，一早上就捕获到十只兽。宠臣奚回去汇报说：‘王良是天下最优秀的驾车手。’赵简子说：‘我派他专门为你驾车。’便告诉了王良。王良不同意，说：‘我按照规矩赶车奔驰，终日捕不到一只兽；不依法驾驭，一早晨却捕获十只兽。《诗经》上说：驱车驰马极熟练，箭一放出便中的。我不习惯替小人驾车，请不要任命。’驾御战车的人尚且羞于同坏的射手合作，即便合作得到的鸟兽多得像山丘一样，也是不肯干的。如果我们先屈辱自己的志向和主张去追随诸侯，那是为什么呢？并且你也错了，自己不正直的人从来没有能够使别人正直的。”

〔解读〕

所谓“枉尺直寻”，就是先弯曲自己，再去求得伸展，其实是委曲求全的方式，这是战国时期纵横家们所擅长的，商鞅、苏秦、张仪等人都采取了这种方式，先放低姿态求见诸侯，再寻求机会推行自己的主张。如果单纯从利益的角度出发，似乎是行得通的。然而孟子是坚决反对的，在他看来，君子入仕不单单是为了求名利，更是为了道义。“志士不忘在沟壑，勇士不忘丧其元”，这才是刚直的大丈夫应有的志气，枉尺而直寻，无异于投机取巧，是君子羞于所为的。正如《后汉书·张衡传》所言：“枉尺直寻，议者讥之；盈欲亏志，孰云非羞？”

为了说明这种读书人以为耻的做法，孟子以御者和射者的关系为例，王良是最好的御者，为奚按规范驾车却毫无所获，不按规矩驾车却收获甚多，但王良是不屑于为这样的射者御车的，甚至是耻于和这样的小人比肩的，可见君子做事是有原则的。而且，“枉己者，未有能直人者”，诸侯如果不礼贤下士，即使谒见者屈身折节去谒见诸侯，也是得不到重用的。

何谓大丈夫

景春曰[①]："公孙衍、张仪岂不诚大丈夫哉[②]？一怒而诸侯惧，安居而天下熄[③]。"

孟子曰："是焉得为大丈夫乎？子未学礼乎？丈夫之冠也，父命之[④]；女子之嫁也，母命之，往送之门，戒之曰：'往之女家，必敬必戒，无违夫子[⑤]！'以顺为正者，妾妇之道也。居天下之广居，立天下之正位，行天下之大道[⑥]。得志，与民由之；不得志，独行其道。富贵不能淫，贫贱不能移，威武不能屈，此之谓大丈夫。"

（《孟子·滕文公下》）

〔**注释**〕

①景春：人名，是与孟子同时代的人，纵横家。

②公孙衍：即魏国人犀首，当时著名的说客，在秦国为大良造的官，曾佩五国

相印。 张仪：魏国人，战国时代著名的纵横家，曾游说六国连横去服从秦国。

③熄：太平，没有战争。

④丈夫之冠也，父命之：古代男子到了二十岁，便为成年人，行加冠礼，父亲给以训示。

⑤夫子：指丈夫。

⑥广居、正位、大道：朱熹解释为："广居，仁也。正位，礼也。大道，义也。"

〔译文〕

景春说："公孙衍和张仪难道不是真正的大丈夫吗？一发怒，诸侯便都害怕；安静下来，天下便太平无战事。"

孟子说："这怎么能叫作大丈夫呢？你没有学过礼吗？男子行冠礼的时候，父亲给以训导；女子出嫁的时候，母亲给以训导，送她到门口，告诫她说：'到了你的夫家，一定要恭敬，一定要警惕，不要违背丈夫。'以顺从作为准则，是妇人之道。居住在天下最广大的居所（仁）里，站在天下最正确的位置（礼）上，行走在天下最广阔的大道（义）上；得志的时候，偕同百姓循着大道前进；不得志的时候，也独自坚持自己的原则。富贵不能乱我之心，贫贱不能变我之志，威武不能屈我之节，这样才叫作大丈夫。"

〔解读〕

何谓大丈夫？在公孙丑看来，大丈夫就是像公孙衍、张仪之类的纵横家，在诸侯之间回旋，摇唇鼓舌，以个人之力影响国家之势。但孟子认为，那样的人不能算是大丈夫，真正的大丈夫是“居广居，立正位，行大道”的人，即具有仁、义、礼、智等品德修养的人，是心怀天下之人，是得志或不得志都不背离自己的道义的人，是真正做到达则兼济天下，退则独善其身的君子。总而言之，大丈夫是“富贵不能淫，贫贱不能移，威武不能屈”的有高尚节操之人。在论述过程中，孟子提到了男子行冠礼、女子出嫁时父母的训诫，若从今天的观念去看，可能会被看作是过分的顺从，其实不然，孟子此处强调的是上下秩序的重要性和对礼的提倡。

知人论世，文如其人。孟子所言“大丈夫”的三个条件，其实是他自身品德的观照。孟子一生追求理想，无论是高官厚禄的诱惑，还是贫困潦倒的煎熬，亦或强权大势的压迫，都无法改变他的初心。这是孟子享誉千古的原因，也是“富贵不能淫，贫贱不能移，威武不能屈”流传万世的原因。孟子及他的言论，鼓励着一代代的志士仁人，顶天立地，威武不屈。

亲其亲，长其长

孟子曰："道在迩而求诸远①，事在易而求之难。人人亲其亲，长其长②，而天下平。"

（《孟子·离娄上》）

〔注释〕

①迩：近。

②亲其亲，长其长：敬爱自己的父母、敬奉长辈。

〔译文〕

孟子说："道就在眼前却向远处去寻找，事情本来很容易却往难处做。（倘若）人人都敬爱自己的父母，尊敬自己的长辈，天下就太平了。"

〔解读〕

人们之所以会舍近求远、舍易求难，是因为往往容易忽略自己身边最平常、最简单的人和事物，这都是不明智的做法。如果人人都从自身做起，孝敬父母、敬爱长辈，天下自然就会太平了。孟子的这段论述看似朴实，其实蕴含着儒家所推崇的“孝悌”：亲其亲即孝，长其长即悌。《论语》有言“孝弟也者，其为仁之本与”，意思是，孝悌是“仁”的根本。《论语》又言“其为人也孝弟，而好犯上者鲜矣”，意思是，如果一个人做到了孝悌，还去触犯统治者，是很少见的。这说明了修身、齐家对于治国、平天下的基础作用，与孟子所说的“老吾老，以及人之老；幼吾幼，以及人之幼，天下可运于掌”是同样的道理。

事亲为大

孟子曰："事孰为大？事亲为大；守孰为大？守身为大。不失其身而能事其亲者，吾闻之矣；失其身而能事其亲者，吾未之闻也。孰不为事？事亲，事之本也；孰不为守？守身，守之本也。曾子养曾皙[1]，必有酒肉；将彻[2]，必请所与；问有余，必曰'有'。曾皙死，曾元养曾子，必有酒肉；将彻，不请所与；问有余，曰：'亡矣[3]'——将以复进也。此所谓养口体者也。若曾子，则可谓养志也。事亲若曾子者，可也。"

（《孟子·离娄上》）

〔注释〕

①曾子：孔子的学生曾参，以孝顺著称。曾皙：曾参的父亲。

②彻：撤走，撤除。

③亡：无，没有。

〔译文〕

孟子说："侍奉谁最重要？侍奉父母最重要。守护谁最重要？守护自身（的品性）最重要。不丧失自己的品行节操又能侍奉好父母的，我听说过；丧失了自己的品性而能侍奉好父母的，我从来没听说过。哪个长者不该侍奉？但侍奉父母才是侍奉的根本。哪种好品德不该守护？但守护自己的品性才是守护的根本。曾子奉养他的父亲曾皙，每餐必定有酒肉；撤除食物时，必定要请示剩下的酒肉给谁；曾皙问有没有剩余，必定回答'有'。曾皙死后，曾元奉养他的父亲曾子，每餐也必定有酒肉；撤除时，就不请示剩余的给谁了；曾子若问有没有剩余，就回答说'没有了'——准备拿吃剩的下顿再进奉给父亲。这叫作对父母口体的奉养。像曾子那样，就可以称为对父母心意的奉养了。侍奉父母做到像曾子那样就可以了。"

〔解读〕

"孝弟也者，其为仁之本与。"（《论语·学而》）孟子主张的仁政，其根源就在于孝。《孝经·开宗明义章》云："夫孝，德之本也，教之所由生也。"指出孝是道德的根本和教化的根源。何谓孝？《说文解字》云："孝，善事父母者。从老省，从子，子承老也。"可见，孝就是子女对父母的敬奉。但儒家提倡的孝道不仅仅止于奉养的层面，《盐铁论·孝养篇》云："故上孝养志，其次养色，其次养体。"满足父母的物质生活只是养体，顺从父母的心意使他们心情愉悦是比养体更进一步的养色，而最高层级的孝是“立身行道，扬名于后世，以显父母”。文中的曾子与曾元都做到了“必有酒肉”，但是曾子在撤除时必先问父亲剩下的给谁吃，并且会回答有，曾元则与之相反，对比而言两人的孝高下立见。

孟子把行孝与守身直接关联，认为二者相辅相成。何谓守身？朱熹注云：“守身，持守其身，使不陷于不义也。一失其身，则亏体辱亲，虽日用三牲之养，亦不足以为孝矣。”这就是说，人必须守身立道，保持自己的品性，不使自己陷于不义之中，因为这不仅是个人的荣辱，更关系到父母的声誉，一旦失其身，就算有口体之养，也是不孝。这其实是一种更高要求、更高标准的孝。

正君而国定

孟子曰："人不足与适也①，政不足间也②。唯大人为能格君心之非③。君仁，莫不仁；君义，莫不义；君正，莫不正。一正君而国定矣④。"

（《孟子·离娄上》）

〔注释〕

①适（zhé）：同"谪"，谴责，责备。

②间（jiàn）：非议，批评。

③格：纠正。　非：错误。

④一：一旦。

〔译文〕

孟子说："那些当政的小人不值得去责备，他们实行的政治措施也不值得去非议，只有大人才能够纠正君主的不正确思想。君主贤仁，就没有人不贤仁；君主讲道义，就没有人不义；君主正派，就没有人不正派。一旦君主端正了，国家也就安定了。"

〔解读〕

此章是在强调统治者自身的道德品行与国家安定的关系，国家的治乱与君主有直接的关系，正所谓“政者，正也”，就是这个道理。只有君主有仁德，带头仁义，带头正派，以身作则，才能教化民众，使国家安定。同时文中也提到了大臣对君主错误行为的纠正和提醒的重要性，当然其纠正的根本还是为了让国君的行为合乎准则。

惟义所在

孟子曰："大人者，言不必信，行不必果，惟义所在。"

（《孟子·离娄下》）

〔译文〕

孟子说："有德行的人，说话不一定句句守信，行为不一定贯彻始终，只要与义同在、依义而行。"

〔解读〕

子曰"人而无信，不知其可也"，即做人要讲信用、守承诺，孟子此章所言是否与孔子所说矛盾呢？其实不然，"信"有"大信""小信"，表现在多个方面：信可以是一种态度，也可以是一种行为方式，还可以是一种状态。孟子所说的"言不必信"，是在过分拘泥于"信"而不知变通的前提下，根据实际情况通权达变，只要落实在"义"上就行，"义"才是最根本的原则。

赤子之心

孟子曰：“大人者，不失其赤子之心者也。”

（《孟子·离娄下》）

〔译文〕

孟子说：“有德行的人，是不会失掉婴儿般天真纯朴之心的人。”

〔解读〕

孟子认为，人之初性本善。刚出生的婴儿如同一张白纸，是最洁净纯朴的，但是随着时间的推移，人很难保持善良的天性，只有保持一颗赤子之心不变，才堪称有德行的君子。

以善养人

孟子曰："以善服人者，未有能服人者也；以善养人，然后能服天下。天下不心服而王者，未之有也。"

（《孟子·离娄下》）

〔译文〕

孟子说："想要靠善来使人心服，是不能够使人心服的；用善去熏陶教养人，才能使天下的人都归服。天下的人不心服却能统一天下的，这是从来没有过的事。"

〔解读〕

此处的善是指"仁义礼智"四端，但是有善心还不够，"徒善不足以为政"，还需要具体落实下去，把善心运用到政治实践中，即"以善养人"。如此才能使天下人心悦诚服地归顺，所谓得民心才能得天下，就是这个道理。

坐以待旦

孟子曰："禹恶旨酒而好善言①。汤执中②，立贤无方③。文王视民如伤④，望道而未之见⑤。武王不泄迩⑥，不忘远⑦。周公思兼三王⑧，以施四事⑨；其有不合者，仰而思之，夜以继日；幸而得之，坐以待旦。"

（《孟子·离娄下》）

〔注释〕

①旨：味道美好。

②执：坚持，遵循。　中：合理适度的原则。

③立：扶植。　方：固定不变的做法。

④伤：有伤病的人。

⑤望道而未之见：朱熹《集注》云："道已至矣，而望之犹若未见。"望，企盼。道，正确的治国方法。而，如。

⑥泄：轻慢，不尊重。　迩：近，指朝廷的官员。

⑦远：指远在各地的诸侯。

⑧三王：夏、商、周三代贤明的君主。

⑨四事：指禹、汤、周文王、周武王的功业。

〔译文〕

孟子说："禹不喜欢美酒而喜欢有价值的话。汤坚持中正的原则，选拔贤人却不拘泥于常规。文王把百姓看作受伤而需要救助的人，追求正确的治国之道又似乎未曾见到一样（仍然努力不懈）。武王不轻侮在朝廷的近臣，也不遗忘远在各地的诸侯。周公想要兼学夏、商、周三代的君王，来实践禹、汤、周文王、周武王的功业；自己的做法中有不合适的，便抬头思考，夜以继日地琢磨，有幸想通了，便坐着等待天亮（而付诸实践）。"

〔解读〕

孟子奔走列国，是希望能遇上贤明的君主，推行他所主张的仁政，所以他内心对明君有无限的崇敬和渴望。此选段是孟子对前代圣贤美好德行的赞美，这些人都是非常开明的君主，大禹喜好善言，成汤选用贤才，文王爱护民众，武王不轻慢懈怠，但他们的优点其实远不止这些，只是孟子挑选了他们最突出的部分来说。而周公想要集前代先贤之大成，兼学三代君王以成禹、汤、文、武的功绩，正是怀抱这样的想法，周代的礼乐制度才特别完善。为了称赞周公的贤明，孟子甚至使用了"夜以继日、坐以待旦"这样夸张的词，然而孟子面对的现实却是残酷的，他始终没有遇见欣赏他的明主。

终身之忧

孟子曰："君子所以异于人者，以其存心也。君子以仁存心，以礼存心。仁者爱人，有礼者敬人。爱人者，人恒爱之；敬人者，人恒敬之。有人于此，其待我以横逆[1]，则君子必自反也：我必不仁也，必无礼也，此物奚宜至哉？其自反而仁矣，自反而有礼矣，其横逆由是也，君子必自反也，我必不忠。自反而忠矣，其横逆由是也，君子曰：'此亦妄人也已矣。如此则与禽兽奚择哉[2]？于禽兽又何难焉[3]？'是故君子有终身之忧，无一朝之患也。乃若所忧则有之：舜，人也；我，亦人也。舜为法于天下，可传于后世，我由未免为乡人也，是则可忧也。忧之如何？如舜而已矣。若夫君子所患则亡矣。非仁无为也，非礼无行也。如有一朝之患，则君子不患矣。"

（《孟子·离娄下》）

〔注释〕

①横逆：强暴、不顺从。

②择：区别，不同。

③难：责难。

〔译文〕

孟子说："君子之所以不同于一般人，是因为居心不同。君子居心于仁，居心于礼。仁人爱别人，有礼的人恭敬别人。爱别人的人，别人经常爱他；恭敬别人的人，别人经常恭敬他。假定这里有个人，他对我蛮横无理，那君子一定反躬自问：一定是我不仁，一定是我无礼，否则怎么会遭到这样的事呢？反躬自问而仁了，反躬自问而有礼了，而蛮横的态度依然如故，君子又会反躬自问：一定是我没有尽心竭力。反躬自问尽心竭力了，而蛮横的态度依然如故，君子会说：'这不过是个狂妄的人罢了。像这样，与禽兽有什么不同呢？对于禽兽又有什么可责备的呢？'因此，君子有终身的忧愁，没有一时的担忧。至于忧愁的事是有的：舜是人，我也是人，舜被天下的人所效法，能传之后世，我仍不免是个乡里的普通人，这才是值得忧愁的。忧愁这些干什么呢？要像舜那样罢了。至于君子所担心的事就没有了。不合乎仁的事不去干，不合乎礼的事不去做，即使有一时的祸患，君子也不担心。"

〔解读〕

此章孟子论述了君子不同于一般人的地方，即在于君子心中有仁、礼，君子存心于仁义，以敬爱的态度对待他人，自然会受到他人同等的礼遇。在遇到横逆之人或事的时候，首先需要躬身自问，自己是否违背了仁义，自身是否有不足之处，这是孟子对互敬互爱的相处方式的强调。孔子也曾说过："君子求诸己，小人求诸人。"只有君子才会注重个人的道德修养，反躬自省，小人只会苛求于他人。可以看出，孟子与孔子的主张如出一辙。

此外，孟子还提出，君子内心存有仁、义，品德高尚，所以没有一时的患得患失，只有终生的忧虑，所忧虑的也不是对名利的追逐，而是忧愁自己还未达到圣贤那样的人格高度。孟子曾说"人皆可以为尧舜"，在这里就是君子在道德品质上对尧舜的看齐。追求理想人格，存仁义之心，如此才可成为名副其实的君子。

圣人之道

孟子曰：“伯夷[1]，目不视恶色，耳不听恶声。非其君，不事；非其民，不使。治则进，乱则退。横政之所出[2]，横民之所止，不忍居也。思与乡人处，如以朝衣朝冠坐于涂炭也。当纣之时，居北海之滨，以待天下之清也。故闻伯夷之风者，顽夫廉[3]，懦夫有立志。

伊尹曰：‘何事非君？何使非民？’治亦进，乱亦进。曰：‘天之生斯民也，使先知觉后知，使先觉觉后觉。予，天民之先觉者也。予将以此道觉此民也。’思天下之民匹夫匹妇有不与被尧舜之泽者，若己推而内之沟中[4]——其自任以天下之重也。

柳下惠不羞污君，不辞小官。进不隐贤[5]，必以其道。遗佚而不怨[6]，阨穷而不悯[7]。与乡人处，由由然不忍去也[8]。‘尔为尔，我为我，虽袒裼裸裎于我侧[9]，尔焉能浼我哉[10]？’故闻柳下惠之风者，鄙夫宽[11]，薄夫敦。

孔子之去齐，接淅而行[12]；去鲁，曰：‘迟迟吾行也，去父母国之道也。’可以速而速，可以久而久，可以处而处，可以仕而仕，孔子也。”

孟子曰：“伯夷，圣之清者也；伊尹，圣之任者也；柳下惠，圣之和者也；孔子，圣之时者也。孔子之谓集大成。集大成也者，金声而玉振之也[13]。金声也者，始条理也；玉振之也者，终条理也。始条理者，智之事也；终条理者，圣之事也。智，譬则巧也；圣，譬则力也。由射于百步之外也[14]，其至，尔力也；其中，非尔力也。”

（《孟子·万章下》）

〔注释〕

①伯夷：商朝末年孤竹国国君的儿子，父亲死后，他和弟弟叔齐互相推让，谁

也不肯继承王位，先后逃了出来。他们认为武王伐纣不符合君臣之义，劝阻没有成功，隐居到首阳山，最后饿死在那里。

②横（hèng）政：残暴的政令。

③顽：贪婪。

④内（nà）：纳。

⑤进不隐贤：做官的时候不隐藏自己的贤能。

⑥遗佚：被遗弃，不任用。

⑦阨（è）穷：困顿。

⑧由由然：高兴的样子。

⑨袒裼（xī）：脱去外衣，露出里衣。　裸裎（chéng）：不穿衣服，光着身体。

⑩浼（měi）：污染。

⑪鄙：浅陋、狭窄。

⑫接淅：淘米后等不及沥水滤干就带上湿漉漉的米。接，同“滰（jiàng）”，指滤干。淅，洗米、淘米。

⑬金声而玉振：以钟声起音，而以玉磬收尾。金，指一种用青铜铸成的大钟，在演奏前敲击。振，收尾。

⑭由：同“犹”。

〔译文〕

孟子说：“伯夷，眼睛不看丑陋的事物，耳朵不听邪恶的声音。不是他理想的君主，不去侍奉；不是他理想的百姓，不去使唤。天下太平就出来做官，天下混乱就隐退不出。施行暴政的国家，住有暴民的地方，他都不愿意居住。他认为和乡下人相处，就好像穿戴着礼服礼帽坐在泥途或炭灰之上。当商纣王统治的时候，（他）隐居在北海海边，等待天下清平。所以听到伯夷的风节的人，贪得无厌的人会变得廉洁，懦弱的人会变得意志坚定。

伊尹说：‘哪个君主不可以侍奉？哪个百姓不可以使唤？’因此他天下太平也出来做官，天下混乱也出来做官。他说：‘上天生育这些百姓，就是要让先知的人来开导后知的人，先觉的人来开导后觉的人。我是这些人中先知先觉的人，我要开导这些后知后觉的人。’他认为天下的百姓中，只要有一个男子或妇女没有承受到尧舜的恩泽，就好像是他自己把别人推进山沟之中——这就是他以挑起天下的重担为己任的态度。

柳下惠不以侍奉坏君主为耻辱，也不因官小而辞掉。做官不隐藏自己的才能，但坚持按自己的原则办事。不被重用也不怨恨，穷困也不忧愁。与乡下人相处，也照样高高兴兴地不忍离去。（他说：）‘你是你，我是我，你纵然赤身裸体在我旁边，哪能就污染我呢？’所以听到过柳下惠风范的人，心胸狭窄的人也会变得宽阔起来，刻薄的人也会变得厚道起来。

孔子离开齐国，不等把米淘完滤干就走；离开鲁国时却说：‘我们慢慢走吧，这是离开祖国的路啊！’应该快就快，应该慢就慢，应该隐居就隐居，应该做官就做官，这就是孔子。”

孟子说：“伯夷是圣人之中清高的人，伊尹是圣人之中最负责的人，柳下惠是圣人之中随和的人，孔子是圣人之中识时务的人。孔子可以称为集大成者。集大成的意思，（譬如奏乐）以镈钟声开始起音，以玉磬声收束。镈钟声起音是节奏条理的开始，玉磬声收束是节奏条理的终结。条理的开始在于智，条理的终结在于圣。智好比是技巧，圣好比是力量。犹如在百步以外射箭，射到，是靠你的力量；射中，却不是靠你的力量（而是技巧）。”

〔解读〕

此章孟子论述了四位圣贤之人的处世之道，各成典型：伯夷清高，伊尹负责，柳下惠随和，孔子识时务。而孔子是集大成者，金声玉振，有始有终，是孟子心目中最大的圣人。对于伯夷的清高，虽然孟子并未直接指责，然而对比伊尹对国家、百姓强烈的责任感和使命感，那种“士不可以不弘毅，任重而道远，仁以为己任”的精神，可以看出孟子可能不赞成伯夷这种不顾天下苍生，只守自己清高的姿态，但是伯夷“不食周粟”，饿死于首阳山，这样的气节使得他仍可居圣人之列，被后世赞扬。柳下惠跟二人又相迥异，看似随遇而安，比如不受重用却不抱怨，比如穷困也不忧愁，实则坚守原则，坐怀不乱。而孔子是圣之时者，即识时务的人，所谓识时务者为俊杰，孟子在这里是想强调孔子“通则变”的特点，这是具有包容性的，故而孔子可以集大成。此外，这篇论述是非常标准的“分——总”形式的小议论文，先分别罗列，后概而述之，层层推进又条理分明。

友其德也

万章问曰："敢问友。"

孟子曰："不挟长①，不挟贵，不挟兄弟而友。友也者，友其德也，不可以有挟也。孟献子②，百乘之家也，有友五人焉：乐正裘、牧仲③，其三人，则予忘之矣。献子之与此五人者友也，无献子之家者也。此五人者，亦有献子之家，则不与之友矣。非惟百乘之家为然也。虽小国之君亦有之。费惠公曰④：'吾于子思，则师之矣；吾于颜般⑤，则友之矣；王顺、长息则事我者也⑥。'非惟小国之君为然也，虽大国之君亦有之。晋平公之于亥唐也⑦，入云则入，坐云则坐，食云则食⑧；虽蔬食菜羹⑨，未尝不饱，盖不敢不饱也。然终于此而已矣。弗与共天位也，弗与治天职也，弗与食天禄也，士之尊贤者也，非王公之尊贤也。舜尚见帝⑩，帝馆甥于贰室⑪，亦飨舜，迭为宾主，是天子而友匹夫也。用下敬上，谓之贵贵；用上敬下，谓之尊贤。贵贵尊贤，其义一也。”

（《孟子·万章下》）

〔注释〕

①挟：倚仗。

②孟献子：鲁国大夫仲孙蔑，卒于鲁襄公十九年。

③乐正裘、牧仲：皆为人名，具体事迹不详。

④费：小国名。

⑤颜般（bān）：人名，或作“颜敢”。

⑥王顺、长息：人名。王顺，或作“王慎”。长息，公明高的弟子。

⑦亥唐：晋国的贤士。

⑧入云、坐云、食云：是云入、云坐、云食的倒装，说请进、请坐、请吃。

⑨蔬食：粗劣的饭食。蔬，同“疏”。

⑩尚：同“上”，以匹夫的身份晋谒天子曰上。

⑪帝馆甥于贰室：安排女婿住在副宫。甥，女婿。贰室，副宫。

〔译文〕

万章问：“冒昧地请问交朋友的原则。”

孟子说："不倚仗自己年纪大，不倚仗自己地位高，不倚仗自己兄弟的富贵。交朋友，因为朋友的品德而去交往，因此心中不能存在任何有所倚仗的观念。孟献子是一位具有一百辆车马的大夫，他有五位朋友，乐正裘、牧仲，其余三位，我忘记了。献子同他们相交，自己心目中并不存在自己是大夫的观念。这五位朋友，如果也存着献子是位大夫的观念，也就不会同他交朋友了。不仅具有一百辆车马的大夫是如此的，纵使小国的君主也有朋友。费惠公说：'我对子思，则当作老师；对于颜般，则当作朋友；至于王顺和长息，那不过是替我工作的人罢了。'不仅小国的君主是如此，纵使大国之君也有朋友。晋平公对于亥唐，亥唐叫他进去，便进去；叫他坐，便坐；叫他吃饭，便吃饭。纵使是粗糙饭食和菜汤，不曾不饱，因为不敢不饱。然而晋平公也只是做到这一点罢了。不同他一起共有官位，不同他一起治理政事，不同他一起享受俸禄，这只是一般士人尊敬贤者的态度，不是王公尊敬贤者所应有的态度。舜谒见尧，尧请他这位女婿住在另一处的副宫中，也请他吃饭，互为客人和主人，这是以天子的高位同百姓交友的范例。以卑下的职位尊敬高贵的人，叫作尊重贵人；以高贵的身份尊敬职位卑下的人，叫作尊敬贤者。尊敬贵人和尊敬贤者，道理是相同的。"

〔解读〕

同门曰朋，同志曰友，朋友在每个人的生活中都扮演着非常重要的角色，交友不仅是与人沟通、互相帮助的需要，也是见贤思齐、提升自己的途径。先秦儒家的著作中，涉及交友的内容非常多，有交友之目的、交友之原则、朋友相处之道等，如著名的"三人行，必有我师焉”“以文会友，以友辅仁”。此外，朋友也分多种，古人对朋友就有不同的称谓：竹马之交、刎颈之交、莫逆之交、布衣之交、忘年之交等。从朋友的好坏来看，还分益友与损友，子曰：“益者三友，损者三友：友直、友谅、友多闻，益矣；友便辟、友善柔、友便佞，损矣！”

孟子此章提出他对于交友的观点，即“友其德也，不可以有挟也”，交友看重的是对方的道德品行，切不可倚仗年龄、地位、金钱等因素，带着功利的心思去交朋友。孟子说理惯于举例为证，在这里孟子以献子、费惠公、晋平公、尧对待朋友的不同态度，论述了友其德、贵贵尊贤的道理，这些道理在今天也还值得我们借鉴。

人皆可以为尧舜

曹交问曰[1]："人皆可以为尧舜，有诸？"

孟子曰："然。"

"交闻文王十尺，汤九尺，今交九尺四寸以长，食粟而已，如何则可？"

曰："奚有于是？亦为之而已矣。有人于此，力不能胜一匹雏[2]，则为无力人矣；今日举百钧，则为有力人矣。然则举乌获之任[3]，是亦为乌获而已矣。夫人岂以不胜为患哉？弗为耳。徐行后长者谓之弟，疾行先长者谓之不弟。夫徐行者，岂人所不能哉？所不为也。尧舜之道，孝弟而已矣。子服尧之服，诵尧之言，行尧之行，是尧而已矣；子服桀之服，诵桀之言，行桀之行，是桀而已矣。"

曰："交得见于邹君，可以假馆，愿留而受业于门。"

曰："夫道，若大路然，岂难知哉？人病不

求耳。子归而求之，有余师。”

（《孟子·告子下》）

〔注释〕

①曹交：人名，赵岐注认为是曹君的弟弟，但孟子之时曹国已经被宋国所灭，所以不确切。

②一匹雏：一只小鸡。

③乌获：古代的一个大力士。

〔译文〕

曹交问道：“人人都可以做尧舜那样的贤人，有这说法吗？”

孟子说：“有。”

曹交说：“我听说文王身高一丈，汤身高九尺，如今我身高九尺四寸多，却只会吃饭罢了，要怎样做才行呢？”

孟子说：“这有什么关系呢？只要去做就行了。要是有人，自以为他连一只小鸡都提不起来，便是毫无力气的人了；如果说能够举起三千斤的重量，就是一个很有力气的人了。那么，举得起乌获所举的重量的，也就是乌获了。人难道以不能胜任为忧吗？只是不去做罢了。慢一点走，走在长者之后叫作悌；快一点走，抢在长者之前叫作不悌。慢一点走，难道是人做不到的吗？只是不那样做罢了。尧舜之道，不过就是孝和悌罢了。你穿尧的衣服，说尧的话，做尧的事，便是尧了。你穿桀的衣服，说桀的话，做桀的事，便是桀了。”

曹交说：“我准备去拜见邹君，向他借个住的地方，情愿留在您的门下学习。”

孟子说：“道就像大路一样，难道难于了解吗？只怕人不去寻求罢了。你回去自己寻求吧，老师多得很呢。”

〔解读〕

儒家的价值追求最终是指向理想的人格境界，在孟子，完善的理想人格是终其一生的追求，而此章所论“人皆可以为尧舜”便是这种追求的具体表现。圣人作为理想人格的化身，可能在大多数人看来是可望不可即的，孔子曾说“圣人，人伦之至也”，然而孟子认为现实与理想之间的鸿沟并非不可逾越，既然人性本善，圣人与普通人有相同的善端，这就为“人皆可以为尧舜”提供了道德基础，只要普通人善于修心养性，同样可以达到圣人的境界。在这个过程中，要重视主体的自我约束，学尧而为尧，学桀就成为桀，最终成为怎样的人还要看自身的所作所为。孟子的这种理想人格的追求，在他人看来未免过于迂阔，难以实现，然而正是它本身浓厚的理想色彩，才使得无数的仁人志士为之进取不止。

穷则独善其身，达则兼善天下

孟子谓宋勾践曰[①]："子好游乎[②]？吾语子游。人知之，亦嚣嚣[③]；人不知，亦嚣嚣。"

曰："何如斯可以嚣嚣矣？"

曰："尊德乐义，则可以嚣嚣矣。故士穷不失义，达不离道。穷不失义，故士得己焉[④]；达不离道，故民不失望焉。古之人，得志，泽加于民；不得志，修身见于世。穷则独善其身，达则兼善天下。"

（《孟子·尽心上》）

〔注释〕

①宋勾践：人名，生平已不可考。

②游：游说。

③嚣嚣：无欲自得的样子。

④得己：犹言"自得"。

〔译文〕

孟子对宋勾践说："你喜欢游说君主吗？我和你说说游说的事。别人了解我，我自得其乐；别人不了解我，我也自得其乐。"

宋勾践说："要怎么做才能够自得其乐呢？"

孟子回答说："崇尚德，喜欢义，就能够自得其乐了。所以士人穷困时不失去义；得意时不背离道。穷困时不失去义，所以自得其乐；得意时不背离道，所以百姓不会失望。古时的人，得志时，恩泽施于百姓；不得志时，修养个人品德立身于世。穷困时便独善其身，得志时便兼善天下。"

〔解读〕

实现王道是孟子的理想和追求，他带着这个理想游说各国君王，希望实现自己的抱负，但奔走于各诸侯国二十多年，他始终没有得到重用，他的主张在以攻伐为上的纷乱时代很难被采纳。面对这样的困境，孟子采取的态度是人知或不知都自得其乐，以道义为原则，无论穷困或显达都保持平静之心，概而言之，便是"穷则独善其身，达则兼善天下"的人格操守。这种穷达观影响着无数的儒家士人，使其在积极追求建功立业的同时，不轻易改变志向而随波逐流，而是保持士人独立的人格精神。

君子不素餐兮

公孙丑曰："《诗》曰：'不素餐兮[1]。'君子之不耕而食，何也？"

孟子曰："君子居是国也，其君用之，则安富尊荣；其子弟从之，则孝悌忠信。'不素餐兮'，孰大于是？"

（《孟子·尽心上》）

〔注释〕

①不素餐兮：引自《诗经·魏风·伐檀》篇。素餐，无功而食禄。

〔译文〕

公孙丑说："《诗经》说：'不白吃饭呀。'可是君子不耕种却能得食，为什么呢？

孟子说："君子居住在一个国家，君王任用他，就会平安富足、尊贵而有名誉；少年子弟信从他，就会孝顺父母、敬爱兄长、忠诚守信。'不白吃饭呀’，还有比这更好的吗？”

〔解读〕

《孟子·滕文公》篇中曾经说过：“劳心者治人，劳力者治于人；治于人者食人，治人者食于人。”这是孟子对社会分工的必然性的清晰认识，此章孟子对于“君子不素餐兮”的解释，也旨在说明君子在位的合理性和必要性。公孙丑引用《诗经·伐檀》里的诗句向孟子提问，孟子从君子在位的效果论证君子并非白吃饭，他看到了君子在位对于教化四方的核心作用，国家安富尊荣，百姓孝悌忠信，这样重大的作用，怎能说是吃白饭呢？

公孙丑的疑问来自于对诗句本身理解上的偏差，《诗经·伐檀》篇的主旨历来争论不休，各个时代的注释者对它都有不同的解读，如汉代《毛诗序》中认为“《伐檀》刺贪也，在位贪鄙，无功而受禄”，讽刺当政者的尸位素餐。此外还有敬老之歌说、激励劝解之说、歌颂君子之说等。对于诗句的分析，还是应该按照孟子所提倡的“知人论世”“以意逆志”，而不可片面地理解。

仁民爱物

孟子曰："君子之于物也，爱之而弗仁；于民也，仁之而弗亲。亲亲而仁民，仁民而爱物。"

（《孟子·尽心上》）

〔译文〕

孟子说："君子对于万物，爱惜却不仁爱；对于民众，仁爱却不亲近。由亲近亲人而仁爱民众，由仁爱民众而爱惜万物。"

〔解读〕

君子的仁爱之心，远至天下万物，鸟兽虫鱼草木都是施仁及爱的对象，近为血缘至亲，对亲人的仁爱，是一种最原始最自然的爱，由这种仁爱推己及人，才可谈对百姓的仁爱。由此可以发现，君子虽然有对万事万物的仁爱，但这种仁爱是有差别的，因亲疏远近而有不同的表达方式，形成一个既有区别又紧密联系的仁爱次序。亲亲是基础，推己及人，"老吾老以及人之老，幼吾幼以及人之幼"，即可对民众仁爱，再扩而充之就是爱惜万物，即"民吾同胞，物吾与也"。这是一种与君子关系由近至远的表现，说明仁爱之心是普遍的，但又是有等差的。

言近指远

孟子曰："言近而指远者，善言也；守约而施博者①，善道也。君子之言也，不下带而道存焉②；君子之守，修其身而天下平。人病舍其田而芸人之田③——所求于人者重，而所以自任者轻。

（《孟子·尽心下》）

〔注释〕

①施：恩惠。

②不下带：平常浅近。带，束腰的带子，朱熹注云："古人视不下于带，则带之上乃目前常见至近之处也。举目前之近事，而至理存焉。"

③芸：除草。

〔译文〕

孟子说："言语浅近而含义深远的，这是善言；操守简约而施与广博的，这是善道。君子的言语，讲的虽是常见的事情，可是道就在其中；君子的操守，从修养自己开始，从而使天下太平。有些人的缺点就在于放弃自己的田地，却替别人芸田——要求别人的很重，而自己负担的却很轻。”

〔解读〕

修身、齐家、治国、平天下，儒家认为修身是最根本的，在此基础上才能实现其他三个目标，君子要避免“舍其田而芸人之田”，因为这不是乐于助人，而是未认清自己的缺点却对他人要求甚高。先正己后达人，可见修身的重要性。此段孟子先对善言、善道下定义，再阐述君子之言、君子之守，最后以芸田为比喻直指其弊病，张弛开合中道理已存。

观物阅世

国君进贤

孟子见齐宣王曰："所谓故国者[1]，非谓有乔木之谓也，有世臣之谓也。王无亲臣矣，昔者所进，今日不知其亡也[2]。"

王曰："吾何以识其不才而舍之？"

曰："国君进贤，如不得已，将使卑逾尊，疏逾戚，可不慎与？左右皆曰贤，未可也；诸大夫皆曰贤，未可也；国人皆曰贤[3]，然后察之；见贤焉，然后用之。左右皆曰不可，勿听；诸大夫皆曰不可，勿听；国人皆曰不可，然后察之；见不可焉，然后去之。左右皆曰可杀，勿听；诸大夫皆曰可杀，勿听；国人皆曰可杀，然后察之；见可杀焉，然后杀之。故曰，国人杀之也。

如此，然后可以为民父母。”

（《孟子·梁惠王下》）

〔注释〕

①故国：历史悠久的、古老的国家。

②亡：去位，去国之意。

③国人：指当时居住在国都的人，这些人一般有参与议论国事的权利和服役、纳税的义务。

〔译文〕

孟子谒见齐宣王，对他说道：“我们平时所说的‘故国’，并不是那个国家有高大树木的意思，而是有累代功勋的老臣的意思。您现在没有亲信的臣子，过去所进用的人到今天想不到都罢免了。”

齐宣王问：“怎样去识别那些缺乏才能的人而不用他呢？”

孟子回答说：“国君选拔贤人，如果迫不得已要用新进，就要把卑贱者提拔在尊贵者之上，把疏远者提拔在亲近者之上，对这种事能不慎重吗？因此，左右亲近之人都说某人好，不可轻信；众位大夫都说某人好，也不可轻信；全国的人都说某人好，然后去了解；发现他真有才干，再任用他。左右亲近之人都说某人不好，不要听信；众位大夫都说某人不好，也不要听信；全国之人都说某人不好，然后去了解；发现他真的不好，再罢免他。左右亲近之人都说某人可杀，不要听信；众位大夫都说某人可杀，也不要听信；全国之人都说某人可杀，然后去了解；发现他该杀，再杀他。所以说，这是全国人杀的。这样，才可以做百姓的父母。”

〔解读〕

孟子由“故国”的内涵引出国家人才选拔观，即尊贤。尊贤是儒家的重要主张，但是尊贤的前提是从民之意。孟子论述的观点其实是继承孔子而来，《论语·卫灵公》曰“众恶之，必察焉；众好之，必察焉”，即某人好坏与否，不能轻信于他人的评价，必须观察了解然后再作出判断。而在国家贤臣的选拔方面，要多参考国人的意见。当然，这不只是尊贤的标准，也是刑罚的方式，如朱熹所言“此言非独以此进退人才，至于用刑亦以此道”，突出了孟子的民本思想。

古代讲究尊尊、亲亲，即尊敬尊贵之人、亲近应该亲近之人，强调等级秩序，任何人不得逾越。而在尊贤时，采取的是“贤贤”原则，这就可能导致在不得已的情况下“卑逾尊，疏逾戚”，超出礼制的常规，所以需要谨慎而行，这也是“国人皆曰贤然后用之”的原因。此处体现出了孟子的反经行权的思想，只要于国家有益、百姓有益，即可在礼的基础上作出一定的变通。

何谓知言

“何谓知言？”

曰：“诐辞知其所蔽[①]，淫辞知其所陷[②]，邪辞知其所离[③]，遁辞知其所穷[④]——生于其心，害于其政；发于其政，害于其事。圣人复起，必从吾言矣。”

“宰我、子贡善为说辞[⑤]，冉牛、闵子、颜渊善言德行[⑥]。孔子兼之，曰：‘我于辞命，则不能也。’然则夫子既圣矣乎？”

曰：“恶[⑦]！是何言也？昔者子贡问于孔子曰：‘夫子圣矣乎？’孔子曰：‘圣则吾不能，我学不厌而教不倦也[⑧]。’子贡曰：‘学不厌，智也；教不倦，仁也。仁且智，夫子既圣矣！’夫圣，孔子不居[⑨]——是何言也？”

“昔者窃闻之[⑩]：子夏、子游、子张皆有圣人之一体[⑪]，冉牛、闵子、颜渊则具体而微。敢问所安。”

曰：“姑舍是⑫。”

（《孟子·公孙丑上》）

〔注释〕

①诐（bì）辞：偏颇不公正的言辞。

②淫辞：过分的话语。

③邪辞：背离道义的言辞。

④遁辞：理屈词穷时为逃避他人责问而搪塞的话。

⑤宰我、子贡：宰我，孔子弟子宰予，字子我。子贡，孔子弟子端木赐，字子贡。

⑥冉牛、闵子、颜渊：冉牛，孔子弟子冉耕，字伯牛。闵子，孔子弟子闵损，字子骞。颜渊，孔子弟子颜回，字子渊。

⑦恶（wū）：叹词，表惊讶不安。

⑧厌：满足。

⑨居：自我承认。

⑩窃：表示自谦，指自己。

⑪子夏、子游、子张：子夏，孔子的学生卜商，字子夏。子游，孔子的弟子言偃，字子游。子张，孔子的弟子颛孙师，字子张。

⑫姑舍是：暂且不谈这个。姑，暂且。

〔译文〕

公孙丑问："什么叫作善于分析别人的言辞呢？"

孟子回答说："偏颇不正的言辞我知道其片面性之所在，过分的言辞我知道它失足之所在，不合正道的言辞我知道它的分歧所在，搪塞的言辞我知道其理屈所在。这四种言辞从思想中产生，必然会危害政治；如果施之于政治，就会妨害国家大事的治理。如果再有圣人出现，也会同意我这个见解的。"

公孙丑说："宰我、子贡善于言辞，冉牛、闵子、颜渊善于阐述道德。孔子则兼而有之，但他还说：'我对于辞令，是不擅长的。'那么先生您就是圣人了？"

孟子说："哎呀，你这是什么话！从前子贡向孔子问道：'先生是圣人吗？'孔子说：'圣人那是我做不到的，我只是在学习上不满足，教育上不疲倦罢了。'子贡说：'学习上不满足，这是智慧；教育上不怠倦，这是仁爱。既仁且智，先生就是圣人了。'圣人，连孔子都不敢自居，（你却加在我头上）这是什么话呢！"

公孙丑说："从前我听说，子夏、子游、子张都各有孔圣人的一部分长处，冉牛、闵子、颜渊大体近于孔子却不如他那样的博大精深，请问您自居于哪一种人？"

孟子说："暂且不谈这些吧。"

〔解读〕

何谓知言？在孟子，知言就是能够对诐、淫、邪、遁四种言辞进行辨析，分析其是非得失的原因，认清其本质。而这四种言辞是“生于其心”，即一个人的言辞会反映出一个人的心意，正因为言可表意，使得知言而可知人，在这一意义上，知言可以理解为知人，孔子就曾说“不知言，无以知人也”。根据朱熹的注解，知言还指“知理”，意思就是在知言之前、在心中的曲直标准确立之前，应该有一个格物致知的过程，而后才能明辨事物，这是对知言更进一步的阐释。

孟子对自己的见解无疑是充满自信的，认为即使圣人再现也必从其言。统观孟子的论辩之辞就会发现，那些气势磅礴的言语是发自他内心的无限豪情和志向，这样的内心有大丈夫的“富贵不能淫、威武不能屈、贫贱不能移”，有“养吾浩然之气”的至大至刚，有“虽千万人，吾往矣”的志趣意向，更有“生于忧患死于安乐”的使命感，如此强大的内心便有了“当今之世，舍我其谁”的孟子。这样的孟子以孔夫子为圣人、为榜样，孔子不敢自居圣人，孟子更加不会自比圣人，但他又是如此地豪迈自信，怎肯与孔子的其他弟子相比？“姑舍是”三个字委婉地表现了孟子对其他弟子的态度。

劳心者治人，劳力者治于人

有为神农之言者许行[①]，自楚之滕，踵门而告文公曰[②]："远方之人闻君行仁政，愿受一廛而为氓[③]。"

文公与之处。其徒数十人，皆衣褐，捆屦、织席以为食[④]。

陈良之徒陈相与其弟辛负耒耜而自宋之滕[⑤]，曰："闻君行圣人之政，是亦圣人也，愿为圣人氓。"

陈相见许行而大悦，尽弃其学而学焉。

陈相见孟子，道许行之言曰："滕君则诚贤君也；虽然，未闻道也。贤者与民并耕而食，饔飧而治[⑥]。今也滕有仓廪府库，则是厉民而以自养也[⑦]，恶得贤？"

孟子曰："许子必种粟而后食乎？"曰："然。""许子必织布而后衣乎？"曰："否。许子衣褐。”“许子冠乎？”曰：“冠。”曰：“奚冠？”曰：“冠素。”曰：“自织之与？”曰：“否。以粟易之。”曰：“许子奚为不自织？”曰：“害于耕。”曰：“许子以釜甑爨[8]，以铁耕乎？”曰：“然。”“自为之与？”曰：“否。以粟易之。”

“以粟易械器者，不为厉陶冶；陶冶亦以其械器易粟者，岂为厉农夫哉？且许子何不为陶冶，舍皆取诸其宫中而用之[9]？何为纷纷然与百工交易？何许子之不惮烦？”

曰：“百工之事，固不可耕且为也。”

“然则治天下独可耕且为与？有大人之事[10]，有小人之事。且一人之身，而百工之所为备，如必自为而后用之，是率天下而路也[11]。故曰：或劳心，或劳力；劳心者治人，劳力者治于人；治于人者食人，治人者食于人，天下之通义也。

“当尧之时，天下犹未平，洪水横流，泛滥于天下，草木畅茂，禽兽繁殖，五谷不登，禽兽逼人，兽蹄鸟迹之道交于中国。尧独忧之，举舜而敷治焉[12]。舜使益掌火，益烈山泽而焚之，禽兽逃匿。禹疏九河，瀹济漯而注诸海[13]，决汝汉，排淮泗而注之江，然后中国可得而食也。当是时也，禹八年于外，三过其门而不入，虽欲耕，得乎？

"后稷教民稼穑[14]，树艺五谷，五谷熟而民人育。人之有道也，饱食、暖衣、逸居而无教，则近于禽兽。圣人有忧之[15]，使契为司徒[16]，教以人伦——父子有亲，君臣有义，夫妇有别，长幼有序，朋友有信。放勋曰[17]：'劳之来之[18]，匡之直之，辅之翼之，使自得之，又从而振德之。'圣人之忧民如此，而暇耕乎？

"尧以不得舜为己忧，舜以不得禹、皋陶为己忧[19]。夫以百亩之不易为己忧者[20]，农夫也。分人以财谓之惠，教人以善谓之忠，为天下得人者谓之仁。是故以天下与人易，为天下得人难。孔子曰：'大哉尧之为君！惟天为大，惟尧则之，荡荡乎民无能名焉！君哉舜也！巍巍乎有天下而不与焉！’尧舜之治天下，岂无所用其心哉？亦不用于耕耳[21]。

“吾闻用夏变夷者，未闻变于夷者也。陈良，楚产也。悦周公、仲尼之道，北学于中国。北方之学者，未能或之先也。彼所谓豪杰之士也。子之兄弟事之数十年，师死而遂倍之[22]。昔者孔子没，三年之外，门人治任将归[23]，入揖于子贡，相向而哭，皆失声，然后归。子贡反，筑室于场，独居三年，然后归。他日，子夏、子张、子游以有若似圣人，欲以所事孔子事之，强曾子。曾子曰：‘不可。江汉以濯之，秋阳以暴之[24]，皜皜乎不可尚已[25]。’今也南蛮鴃舌之人[26]，非先王之道，子倍子之师而学之，亦异于曾子矣。吾闻出于幽谷迁于乔木者，未闻下乔木而入于幽谷者。鲁颂曰：‘戎狄是膺，荆舒是惩[27]。’周公方且膺之，子是之学，亦为不善变矣。”

“从许子之道，则市贾不贰[28]，国中无伪；

虽使五尺之童适市，莫之或欺。布帛长短同，则贾相若；麻缕丝絮轻重同，则贾相若；五谷多寡同，则贾相若；屦大小同，则贾相若。”

曰：“夫物之不齐，物之情也；或相倍蓰㉙，或相什百，或相千万。子比而同之，是乱天下也。巨屦小屦同贾㉚，人岂为之哉？从许子之道，相率而为伪者也，恶能治国家？”

（《孟子·滕文公上》）

〔注释〕

①神农之言：神农氏的学说。神农是上古传说中的人物，常与伏羲氏、燧人氏被共称为“三皇”。神农氏主要的功绩是教人从事农业生产，所以叫“神农”。春秋战国时期诸子百家多托古圣贤之名而标榜自己的学说。“农家”就假托为“神农之言”。许行：农家代表人物之一，生平不详。

②踵（zhǒng）：至，到。

③廛（chán）：古代一户人家所占的房地。 氓：外来的百姓。

④衣褐（hè），捆屦（jù）、织席以为食：穿粗麻衣，靠编草鞋、织草席谋生。衣，动词，穿。褐，粗麻短衣。屦，草鞋。

⑤陈良：楚国的儒士。陈相、陈辛都是陈良的弟子。

⑥饔飧（yōngsūn）：指热食。饔，早餐。飧，晚餐。

⑦厉：病，害。此处指剥削。

⑧釜：金属制的锅。　甑（zèng）：蒸饭的瓦器。　爨（cuàn）：烧火做饭。

⑨宫：居室，家里。古代住宅无论贵贱都可以叫“宫”，秦汉以后才专指帝王所居。

⑩大人：与君子相似，有时指有德者，有时指有位者。这里指有地位的人，与下文“小人”相对。

⑪路：指奔波、劳累。

⑫敷：遍。

⑬瀹（yuè）济漯（tà）：疏通济水和漯水。瀹，疏导。济漯，济水和漯水。

⑭后稷：相传为周的始祖，名弃，尧帝时为农师。

⑮有：同“又”。

⑯契（xiè）：人名，相传是殷代的祖先，尧帝时任司徒。

⑰放勋：尧的称号，放是大，勋是功劳，原本是史官的赞誉之辞，后来成为尧的称号。

⑱劳：慰劳。　来：使归附。

⑲皋陶（gāoyáo）：人名，相传为虞舜时掌管刑法的官。

⑳易：治。

㉑亦：只，但。

㉒倍：同“背”，背叛。

㉓治任：收拾行李。治，整治。任，负担。

㉔秋阳以暴（pù）：秋阳，周历七八月相当于夏历五六月，所以这里所说的秋阳实际相当于今天的夏阳。暴，同“曝”，晒。

㉕皜皜（hào）：光明洁白的样子。

㉖鴃（jué）舌：说话如鸟叫一般难懂。鴃，伯劳鸟。

㉗戎狄是膺，荆舒是惩：引自《诗经·鲁颂·閟宫》。膺，击退。惩，抵御。戎、狄，北方的异族。荆、舒，南方的异族。

㉘市贾不贰：贾，通“价”。不贰，没有两样。

㉙倍蓰（xǐ）：倍，一倍；蓰，五倍。后文的什、百、千、万都是指倍数。

㉚巨屦小屦：粗糙的草鞋与细致的草鞋。

〔译文〕

有一位研究神农氏学说名叫许行的人，从楚国到滕国，谒见滕文公说：“我这个从远方来的人听说您施行仁政，希望得到一所住处，成为您的百姓。”

滕文公给了他住处。许行的门徒有几十个人，都穿着粗麻衣服，靠打草鞋织席子谋生。

陈良的门徒陈相和他弟弟陈辛背着农具从宋国来到滕国，也对滕文公说：“听说您施行圣人的政治，那么，您也是圣人了，我们都愿意做圣人的百姓。”

陈相见到许行后非常高兴，完全抛弃了自己以前所学的而改学许行的学说。

陈相去拜访孟子，转述许行的话说：“滕君的确是个贤明的君主，不过，他还没有掌握真正的治国之道。贤人应该和百姓一道耕种而食，一道亲自做饭。现在滕国有储藏粮食的仓库、存放财物的府库，这是损害百姓来奉养自己，怎么能够叫作贤明呢？”

孟子说：“许子一定要自己种庄稼才吃饭吗？”陈相回答说：

“对。”“许子一定要自己织布然后才穿衣吗？”“不，许子只穿粗麻衣服。”“许子戴帽子吗？”“戴。”“戴什么帽子呢？”“戴白帽子。”“他自己织的吗？”“不是，是用粮食换来的。”“许子为什么不自己织呢？”“因为怕误了农活。”“许子用锅和甑做饭，用铁器耕种吗？”“是的。”“他自己做的吗？”“不是，是用粮食换的。”

（孟子）说：“农夫用粮食换取锅甑和农具，不能说是损害了瓦匠铁匠。那么，瓦匠和铁匠用锅甑和农具换取粮食，难道就能说是损害了农夫吗？而且许子为什么不自己烧窑冶铁做成锅甑和各种农具，什么东西都储备在家里随时取用呢？为什么要一件一件地去和各种工匠交换呢？为什么许子这样不怕麻烦呢？”

陈相回答说：“各种工匠的事情本来就不是可以一边耕种一边同时干得了的。”

“那么治理国家就可以一边耕种一边治理了吗？有官吏的事，有百姓的事。况且每一个人所需要的生活用品都要靠各种工匠的产品才能齐备，如果每一件东西都一定要自己亲手做成才能使用，那就是率领天下的人疲于奔命。所以说：有的人劳动脑力，有的人劳动体力；脑力劳动者统治人，体力劳动者被人统治；被统治者养活别人，统治者靠别人养活，这是通行天下的原则。

“当尧的时候，天下还不安定，洪水成灾，四处泛滥，草木无限制生长，禽兽大量繁殖，谷物却没有收成，飞禽野兽危害人类，到处都是它们的踪迹。尧为此非常担忧，选拔舜出来全面治理。舜命令伯益掌管火政，益便用烈火焚烧山野沼泽的草木，飞禽走兽于是四散而逃。大禹疏通九条河道，治理济水、漯水，引流入海；挖掘汝水、汉水，疏通淮水、泗水，引流进入长江；这样中国才得以耕种。当时，禹八年在外，三次经过自己的家门前都不进去，即便他想亲自种地，可能吗？

“后稷教老百姓耕种收获，栽培五谷，五谷成熟了便能够养育百姓。人之所以为人，吃饱了，穿暖了，住得安逸了，如果没有教养，那就和禽兽差不多。圣人又为此而担忧，派契做司徒，主管教育——父子之间有骨肉之亲，君臣之间有礼义之道，夫妻之间有内外之别，老少之间有尊卑之序，朋友之间有诚信之德。尧说道：‘慰劳他们，安抚他们，纠正他们，帮助他们，使他们各得其所，然后提高他们的品德。’圣人为老百姓考虑得如此周到而烦苦，难道还有闲暇来亲自耕种吗？

“尧把得不到舜这样的人作为自己的忧虑，舜把得不到禹和皋陶这样的人作为自己的忧虑。把耕种不好田地作为自己忧虑的，是农夫。把钱财分给别人叫作惠，把好的道理教给别人叫作忠，为天下发现人才叫作仁。所以把天下让给人容易，为天下发现人才却很难。孔子说：‘尧做天子真是伟大！只有天最伟大，只有尧能够效法天，他的圣德无边无际，百姓找不到恰当的词语来赞美他！舜也是了不得的天子！虽然有了这样广阔的天下，自己却并不占有它！’尧和舜治理天下，难道不用心思吗？只是不用在耕田种地上罢了。

“我只听说过用中原的一切来改变边远落后地区的，没有听说过用边远落后地区的一切来改变中原的。陈良本来是楚国的人，喜爱周公、孔子的学说，由南而北来到中原学习。北方的学者还没有人能够超过他。他可以称得上是豪杰之士了。你们兄弟跟随他学习几十年，他一死，你们就背叛了他！以前孔子死的时候，门徒们都为他守孝三年，三年以后，大家才收拾行李准备回家。临走的时候，都去向子贡行礼告别，相对而哭，泣不成声，然后才离开。子贡又回到孔子的墓地重新筑屋，独自守墓三年，然后才回去。过了些时候，子夏、子张、子游认为有若有点像孔子，便想用尊敬孔子的礼来尊敬他，勉强曾子也同意。曾子说：'不可以。譬如曾经用江汉的水洗濯过，又在夏天的太阳下曝晒过，洁白无瑕。（谁能再比得上孔子呢？）'如今许行这个说话怪腔怪调的南蛮子，也来诽谤先王的圣贤之道，你们却背叛自己的老师而向他学习，这和曾子的态度恰恰相反。我只听说过飞出深暗的山沟迁往高大的树木的，从没听说过从高大的树木飞下来迁往幽暗的山沟的。《鲁颂》说：'攻击北方的戎狄，惩罚南方的荆舒。'周公尚且要攻击楚国这样的南方国家，你们却去向他学习，这简直是越变越坏了。"

陈相说："如果听从许子的学说，市场上的物价就会一致，人人没有欺诈，就是打发一个小孩子去市场，也不会被欺骗。布匹丝绸的长短一样，价格也就一样；麻线丝绵的轻重一样，价格也就一样；五谷的多少一样，价格也就一样；鞋子的大小一样，价格也就一样。"

孟子说："各种东西的品种质量不一样，这是很自然的，有的相差一倍五倍，有的相差十倍百倍，有的甚至相差千倍万倍。你想让它们完全一样，只是扰乱天下罢了。一双粗糙的鞋子与一双精致的鞋子价格完全一样，人们难道会同意吗？听从许子的学说，是率领大家走向虚伪，怎么能够治理好国家呢？"

〔解读〕

本章尽管篇幅很长，但却是一篇不可错过的激越犀利又文采斐然的"孟式"美文，从中可以管窥孟子的思想观点、论辩技巧和行文风格，非常值得一读。文章围绕许行对滕文公的指责而展开，许行从神农之言，其实代表的是农家者流，他们"劝耕桑以足衣食"，主张君与民同耕而食。滕文公从孟子之言行仁政，吸引许行、陈相至滕国，这二人却因思想不同而对滕文公的为君之道进行批评，诘难孟子，孟子不得不与之论辩。孟子曾说“予其好辩哉？予不得已也”，面对怀疑仁政的挑战，孟子怎能缄默不语？

孟子拥有高超的论辩技巧，往往让人自知理亏而大获全胜。对于许行的主张，孟子并不从理论上对比“神农之言”与仁政之道的合理性或优越性，而是从现实生活的角度来看，是否行得通。接连提出涉及衣食的八个问题，得到的多是否定的回答，许行之言不攻自破，根本不具有实际操作的可能性，让对方哑口无言，毫无招架之力。在占据话语的主动权后，引经据典，畅所欲言，以事实证理论，举尧舜禹之事迹，旗帜鲜明。行文声势浩大、酣畅淋漓，又不乏尖锐凌厉处。并且以孔子逝世以后弟子的坚守，鞭挞陈相背叛师门的薄情。

其实，农家所主张的以农为本并没有错，然而过分强调君与民的同等地位，就忽视了社会分工的规律，“夫物之不齐，物之情也”，自然界的一切事物本就具有不一致性，不遵从这一规律行事，反而一味追求上下的平等，当然是不可能实现的。孟子看到了社会分工的必然性，“有大人之事、有小人之事”，提出了著名的论断，即“劳心者治人，劳力者治于人”，强调从事不同工作的人各司其职，社会才得以运转。当然，这句话是否有鄙视体力劳动者之嫌，还未有定论，姑且不论。

君子仕乎

周霄问曰[①]："古之君子仕乎？"

孟子曰："仕。传曰：'孔子三月无君，则皇皇如也[②]，出疆必载质[③]。'公明仪曰：'古之人三月无君，则吊。'"

"三月无君则吊，不以急乎？"

曰："士之失位也，犹诸侯之失国家也。《礼》曰：'诸侯耕助[④]，以供粢盛[⑤]；夫人蚕缫[⑥]，以为衣服[⑦]。牺牲不成[⑧]，粢盛不洁，衣服不备，不敢以祭。惟士无田，则亦不祭。'牲杀、器皿、衣服不备，不敢以祭，则不敢以宴，亦不足吊乎？"

"出疆必载质，何也？"

曰："士之仕也，犹农夫之耕也，农夫岂为出疆舍其耒耜哉[⑨]？"

曰："晋国亦仕国也[⑩]，未尝闻仕如此其急。

仕如此其急也，君子之难仕，何也？”

曰：“丈夫生而愿为之有室，女子生而愿为之有家。父母之心，人皆有之。不待父母之命、媒妁之言⑪，钻穴隙相窥，逾墙相从，则父母国人皆贱之。古之人未尝不欲仕也，又恶不由其道。不由其道而往者，与钻穴隙之类也。”

（《孟子·滕文公下》）

〔注释〕

①周霄：魏国人。

②皇：同“惶”，不安的样子。

③质：同“贽”“挚”，指古代初次用来表示诚意的礼物。士人一般用雉。

④耕助：此二字为连绵动词，耕种藉田。助，通“藉”。古代天子有藉田千亩，诸侯百亩，于每年孟春之时率领三公九卿诸侯大夫亲自耕种，天子三推，三公五推，卿、诸侯、大夫九推，所以天子所谓的耕田，不过是做做样子罢了，其实仍须借助人民的力量为之，所以这田便叫作藉田，而耕种这种藉田也叫藉。

⑤粢盛（zīchéng）：一种古代的祭祀仪式，祭祀时把六谷（黍、稷、稻、粱、麦、苽）放在祭器里。

⑥夫人：专指诸侯的正妻。　蚕缫（sāo）：养蚕缫丝。

⑦衣服：此处专指祭祀穿的衣服。

⑧牺牲：祭祀所杀的牛羊猪等都叫牺牲，也叫牲杀。

⑨耒耜（lěisì）：泛指耕地所用的农具。

⑩晋国：即魏国。

⑪媒妁（shuò）：婚姻介绍人。

〔译文〕

周霄问孟子："古代的君子也出来做官吗？"

孟子说："做官。《传》上说：'孔子如果三个月没有君王任用他，就会非常焦急，离开一个国家，一定带着准备和别国君主初次见面的礼物。'公明仪说过：'古时候的人三个月没有被君主任用，就要去慰问他，给以同情。'"

周霄问："三个月没有见到君主就去慰问，不是太急了吗？"

孟子说："士人失去了职位，犹如诸侯失去国家。《礼》书上说：'诸侯亲自耕种藉田，供给祭祀用品；他们的夫人养蚕缫丝，制作祭祀用的衣服。牲畜不肥壮，谷物不洁净，衣服不完备，就不敢用来祭祀。士人若没有田地，那也不能祭祀。'牲畜、器皿、衣服不完备，不敢举行祭礼，也就不能举行宴会，难道这还不足以去慰问吗？"

周霄又问："离开国界一定要带着见面的礼物，这是为什么呢？"

孟子说："读书人出来做官，就好像农夫耕地一样；农夫怎么会因为离开国界而舍弃农具呢？"

周霄说："魏国也是一个可以做官的国家，但没有听说做官有如此急迫的。出来做官如此急迫，君子却不轻易做官，这是为什么呢？"

孟子说："男孩生下来（父母）就希望为他找到妻室，女孩生下来就希望为她找到夫家，父母的这种心情，是人人都有的。但要是没有父母的许可，没有媒人的介绍，就钻洞偷看，爬墙相爱，那么父母、国人都会轻视他们。古代的人不是不想出来做官，但讨厌通过不合乎礼仪的道路来做官。不通过正道而做官的，就跟钻洞爬墙相类似。”

〔解读〕

儒家主张学而优则仕，对士人为官有高度的认可，孔子就曾积极寻求入仕的机会，认为入仕是具有社会责任感的体现，是“知其不可而为之”，并且士人入仕有明确的目的，即“君子谋道不谋食”“忧道不忧贫”，是为了维护道义而不只是个人的富贵荣辱。孟子继承了孔子入仕的思想，在周霄询问君子是否做官时，毫不犹豫地给以肯定的回答，还以孔子“三月无君则皇皇如”表明读书人求官的迫切性，这与春秋战国时期的社会背景有密切关系。礼崩乐坏的大变革时代下，士阶层迅速兴起，他们文武兼备，上通下达，有强烈的政治诉求。官职对于士人来说具有无可比拟的重要地位，无怪乎孟子说“士之失位也，犹诸侯之失国家也”。

尽管君子急于入仕，然而入仕有前提条件，那就是必须合乎道义，不由道而往，就如男女私下相会一样，会被国人轻贱。“君子谋道不谋食”“忧道不忧贫”，虽然有时可以为了生存而入仕，但是君子要以道义为先，如孔子就只在三种情况下才做官：有见行可之仕，有际可之仕，有公养可之仕（即可以行道、君主礼遇、君主养贤）。这就是君子欲仕而又不轻易入仕的道理。

一傅众咻①

孟子谓戴不胜曰②："子欲子之王之善与？我明告子。有楚大夫于此，欲其子之齐语也，则使齐人傅诸，使楚人傅诸？"

曰："使齐人傅之。"

曰："一齐人傅之，众楚人咻之，虽日挞而求其齐也，不可得矣；引而置之庄岳之间数年③，虽日挞而求其楚亦不可得矣。子谓薛居州善士也④，使之居于王所。在于王所者，长幼卑尊皆薛居州也，王谁与为不善？在王所者，长幼卑尊皆非薛居州也，王谁与为善？一薛居州，独如宋王何⑤？"

（《孟子·滕文公下》）

〔注释〕

①傅：教导。　咻（xiū）：吵闹，喧扰。

②戴不胜：人名，宋国之臣。

③庄、岳：齐国的街里名称。

④薛居州：人名，宋国的善士。

⑤独：犹“将”。

〔译文〕

孟子对戴不胜说：“你是想要你的国君达到善的境界吧？让我明确地告诉你。有位楚国的大夫，希望他的儿子能说齐语，是让齐国人来教他，还是让楚国人来教他？”

戴不胜说：“让齐国人来教他。”

孟子说：“一个齐国人教他，众多楚国人在旁喧哗，即使每天鞭挞并强迫他说齐国话，也是做不到的；要是把他送到齐国的闹市里去住几年，即使每天鞭挞要他说楚国话，也是做不到的。你说薛居州是个善士，要让他居住在国君的身边。如果在国君身边的人无论年纪大小、地位高低都是薛居州那样的人，国君和谁去做不善的事呢？如果在国君身边的人无论年纪大小、地位高低都不是薛居州那样的人，国君和谁去做善事呢？一个薛居州，能把宋王怎么样呢？”

〔解读〕

此章似乎在讲述一个楚人学齐语的案例，但孟子真正的意图还是对政治的阐发。孟子离开齐国之后去到宋国，此时宋国内外交困，周围大国对其虎视眈眈，宋国处于夹缝之中，君臣意图振兴国家，但是苦无良策。孟子对宋王的建议是施行仁政，得到百姓拥护才可兴国。戴不胜和薛居州都是宋国的大臣，孟子认为，如果要使宋王达到至善的境界，必须选贤举能，摒弃奸佞小人，否则就算国君想要实行正道，也无臣子为之执行，孟子在此强调的是君王需懂得辨别贤达与小人，如果身边的近臣都是奸佞之人，是很可能导致国家走向衰亡的。

孟子经常举例论证自己的观点，此处所说楚子学齐语的故事，不仅论证了君臣关系，而且也让我们看到周围环境对人的影响，“近朱者赤，近墨者黑”“蓬生麻中，不扶而直；白沙在涅，与之俱黑”，都是与环境有关的名句。学习一种语言，也需要具备相应的语言环境，这对于我们现在学习第二语言有很大的启示。

自作孽不可活

孟子曰："不仁者可与言哉？安其危而利其菑[1]，乐其所以亡者。不仁而可与言，则何亡国败家之有？有孺子歌曰：'沧浪之水清兮，可以濯我缨[2]；沧浪之水浊兮，可以濯我足[3]。'孔子曰：'小子听之！清斯濯缨，浊斯濯足矣。自取之也。'夫人必自侮，然后人侮之；家必自毁，而后人毁之；国必自伐，而后人伐之。太甲曰：'天作孽，犹可违；自作孽，不可活。'此之谓也。"

（《孟子·离娄上》）

〔注释〕

①菑：同"灾"。

②缨：系帽的丝带，系于颚下以防脱落。

③"沧浪之水清兮"等四句：楚歌歌辞。

〔译文〕

孟子说："不仁的人难道可以同他商议吗？他们眼见别人的危险而无动于衷，利用别人的灾难来谋取利益，把荒淫暴虐这些足以导致亡国败家的事情当作快乐去追求。不仁的人如果还可以同他商议，那怎么会有亡国败家的事情发生呢？曾经有个小孩歌唱道：'清澈的沧浪水啊，能用来洗我的帽缨；浑浊的沧浪水啊，能用来洗我的双脚。'孔子说：'弟子们听着，清澈的水可以用来洗帽缨，浑浊的水可以用来洗双脚，这是水自身招致的。'所以人必先有自取侮辱的行为，别人才侮辱他；家庭必然是自己先毁坏，别人才来毁坏它；国家必先有征伐，别人才来讨伐它。《尚书·太甲》上说：'天降灾祸，还可以躲开；自己造作的罪孽，逃也逃不了。'正是这个意思。"

〔解读〕

此章孟子通过引用孺子之歌、孔子之言、《太甲》之载，论述了自身因素对个人际遇、国家兴衰的影响，强调修身的重要性。沧浪之水，清浊有别，清者濯缨，浊者濯足，濯缨、濯足的差别来自于水自身的清浊与否，即自身条件。孔子由此延伸到个人、家庭、国家的兴盛衰微，认为福祸自取，外部条件也是通过自身而起作用，因此人必定是自辱了才有别人来侮辱他，家庭被毁，也是祸起萧墙，早已因不和睦而埋下祸根，国家必先扩张讨伐他国，才招致其他国家的征伐。这正是《太甲》篇所说的“天作孽，犹可违；自作孽，不可活”，我们至今也对这个道理深以为然。

不仁之人之所以“安其危而利其菑”，导致亡国败家之事发生，是因为他们本身不具备仁义之心，已经到了不可与言的地步，这样不仁的人，最需要的是修身行仁，只有从自身内部去作出改变，才可以避免一些灾祸之事。身修而后家齐，家齐而后国治，国治而后天下平，所以修身行仁是根本。

男女授受不亲

淳于髡曰："男女授受不亲[1]，礼与？"

孟子曰："礼也。"

曰："嫂溺，则援之以手乎？"

曰："嫂溺不援，是豺狼也。男女授受不亲，礼也；嫂溺，援之以手者，权也[2]。"

曰："今天下溺矣，夫子之不援，何也？"

曰："天下溺，援之以道；嫂溺，援之以手——子欲手援天下乎？"

（《孟子·离娄上》）

〔注释〕

①授受不亲：不亲手传递。授，给与。受，接取。

②权：变通。

〔译文〕

淳于髡说："男女之间不亲手传递接受东西，这是礼制吗？"

孟子说："是礼制。"

淳于髡说："如果嫂嫂淹入水中，要伸手去救她吗？"

孟子说："嫂嫂淹入水中不伸手去救，简直就是豺狼。所谓男女不亲手传递东西，是一种礼制；嫂嫂淹入水中，伸手去救，是一种权宜变通之计。"

淳于髡说："如今天下之人都淹入水中，先生却不伸手去救援，为什么呢？"

孟子说："天下之人都淹入水中，要用'道'去救援，嫂嫂淹入水中，只是伸手去救援——你难道想让我用手去救援天下百姓吗？"

〔解读〕

淳于髡是齐国著名的辩士，他与孟子之间的几次对话都非常有趣而富有哲理，本章的对话中，淳于髡目的并非是与孟子辩论，而是因为政见不同而希望孟子转变为政思想。于是通过嫂溺的难题为难孟子，最后当然被孟子驳回。

"嫂溺则援之以手"是最能体现孟子反经行权的典型性话语，"经"一般指人们要遵守的基本道德准则，"权"是应对具体事物、在特殊情况下所采取的权衡变通。"男女授受不亲"是礼制之传统，孟子对此也表示肯定，可是在"嫂溺"这种生死攸关的危险境地，是否援之以手就成了两难的问题，对此，孟子认为嫂溺而不救如同豺狼，是没有人性的做法；援之以手而救之，是对礼制的一种权衡变通，对事情灵活处理，是礼仪与人情的典范性结合，具有时下性和实践意义。在孟子确立了权变的理论之时，淳于髡就开始诱导孟子在政治主张上有所变通，不要太过于固守原则。孟子则明确这是两个不同的问题，嫂溺与天下溺是不同的，不可用同一理论去对待，嫂溺援之以手，天下溺需要援之以道，道是不可变的，否则救天下也失去了意义。不可以手援天下，应以道援天下，也可看作是孟子的又一个权变主张。

易子而教

公孙丑曰："君子之不教子，何也？"

孟子曰："势不行也。教者必以正；以正不行，继之以怒；继之以怒，则反夷矣[①]。'夫子教我以正，夫子未出于正也。'则是父子相夷也。父子相夷，则恶矣。古者易子而教之。父子之间不责善[②]。责善则离，离则不祥莫大焉[③]。"

（《孟子·离娄上》）

〔注释〕

①夷：伤也。

②责善：以善相责备。

③祥：福。

〔译文〕

公孙丑说："君子不亲自教育儿子，为什么呢？"

孟子说："由于情势行不通。教育必须要用正理正道；用正理正道而没有成效，随之而来的就是发怒；怒气一产生，倒反伤害了感情。'您用正理正道来教我，可您的所作所为却不出于正理正道。'这样父子之间就互相伤害了。父子之间互相伤害了感情，关系就恶化了。古时候互相交换儿子来进行教育，父子之间不因求好而相责备。求其好而相责备就会使父子间产生隔阂而互相分离，造成互相分离是最不好的事了。"

〔解读〕

此章是孟子提出的关于父亲教育儿子的观点。父亲与儿子之间具有复杂而又微妙的关系，让父亲直接教育孩子面临很多困境，对父亲而言，以正理正道教儿子，但儿子的反应可能是接受或者不接受，不接受的话父亲就会愤怒，用现在的话说就是恨铁不成钢，这自然会伤害父子间的感情，得不偿失。另外，父亲在现实世界中的所作所为，有时候与正理正道是相背离的，这带给儿子的就是负面的影响，认为大人不过是说一套做一套，表里不一，儿子心里对父亲的崇拜与认可就大大减少，父亲高大的形象也就逐渐倒塌，相互之间的隔阂也容易加深。这些都是父子之间不可调和的矛盾。因此孟子主张易子而教，这样就可以避免求其好而相责备。应该说，孟子看到了亲子教育的诸多问题，对孩子的心理也有一定掌握。

虽然易子而教有其合理性，但是有人提出，这只是理论具有可行性，从古至今，并未出现普遍性的易子而教的例子。也有人认为易子而教只是针对不肖子而言的，父亲管教不了，只好让别人管教了。尽管"易子而教"是孟子一贯的主张，但是争议性也很大。

封象于有庳[①]

万章问曰[②]：“象日以杀舜为事，立为天子则放之[③]，何也？”

孟子曰：“封之也，或曰放焉。”

万章曰：“舜流共工于幽州[④]，放驩兜于崇山[⑤]，杀三苗于三危[⑥]，殛鲧于羽山[⑦]，四罪而天下咸服，诛不仁也。象至不仁，封之有庳。有庳之人奚罪焉？仁人固如是乎——在他人则诛之，在弟则封之？”

曰：“仁人之于弟也，不藏怒焉，不宿怨焉，亲爱之而已矣。亲之，欲其贵也；爱之，欲其富也。封之有庳，富贵之也。身为天子，弟为匹夫，可谓亲爱之乎？”

“敢问或曰放者，何谓也？”

曰：“象不得有为于其国，天子使吏治其国而纳其贡税焉，故谓之放。岂得暴彼民哉？虽然，欲常常而见之，故源源而来[8]。‘不及贡，以政接于有庳[9]’，此之谓也。”

（《孟子·万章上》）

〔注释〕

①象：舜的弟弟，继母所生。　有庳（bì）：地名，旧说在今河南道县之北。

②万章：孟子的弟子。

③放：放逐，犹如后来的流放充军。

④共工：尧的大臣。　幽州：地名，此处指北方边远的地区。

⑤驩（huān）兜：尧舜时的大臣。　崇山：地名，在南方。

⑥杀：《尚书·舜典》作“窜”，所以很多训诂家都认为此处的“杀”字不作杀戮解，而是“窜”的假借字。　三苗：南方国名。一说指远古三凶（浑敦、穷奇、饕餮）的后裔。　三危：地名，在西方。传说在今甘肃敦煌东南。

⑦殛鲧（gǔn）于羽山：殛，同“极”，一作流放义，一作诛杀义。鲧，大禹之父，曾治水。羽山，地名，在东边。

⑧源源：即今天所说的源源不断。

⑨不及贡，以政接于有庳：此两句疑是《尚书》逸文。

〔译文〕

万章问：“象每天把杀害舜作为事务，舜被拥立为天子后却只是将他流放，这是为什么呢？”

孟子说：“这是封他为诸侯，不过有人说是流放他罢了。”

万章说：“舜把共工流放到幽州，把驩兜发配到崇山，把三苗驱逐到三危，把鲧充军到羽山。惩处这四个罪犯而天下归服，是讨伐了不仁之人的缘故。象是个不仁的人，然而却封到有庳。有庳的人民难道有罪吗？仁人难道竟是这样的吗：对外人严加惩处，对弟弟则封赏国土？”

孟子说：“仁人对于弟弟，不隐藏心中的愤怒，也不留下怨恨，只是亲他爱他罢了。亲近他，是想要他尊贵；爱护他，是想要他富裕。封他到有庳国，正是要使他尊贵和富裕。本人是天子，弟弟却是平民，能够称之为亲近和爱护吗？”

万章说：“那又冒昧地请问，有人说这是流放，这是为什么呢？”

孟子说：“象不能够在他的国土上有所作为，舜派了官吏来管理国家，收取那里的贡税，所以称之为流放。怎么能让他残暴地对待老百姓呢？虽然如此，舜还是想常常看到象，所以他们之间常互相往来。所谓‘不一定要等到规定的朝贡之时，平常也假借政治上的需要来接待有庳国。’说的就是这个意思。”

〔解读〕

舜封其弟象于有庳，这事虽未确定为真实事件，却引起了巨大的争论。如万章所言，象是日夜想要迫害舜的，并且付诸实际行动，不仅如此，父亲、继母也不喜欢舜，可以说，舜没有得到一点来自亲人的疼爱。舜在登上天子之位后，毫不留情地处置了“四凶”这样的不仁之人。但是对于弟弟象，舜明知他是个不仁之人，却不仅没有惩罚他，还分封土地给他，让他既富且贵。万章对此提出了不解，也是最为关键的一问——在他人则诛之，在弟则封之？确实，舜的做法明显是出于不同的原则，把弟弟与其他不仁之人区别对待，这样不公正的双重标准，其实很难让人信服。孟子为他辩护说，是出于“仁人之爱弟也”，对弟弟不仅要不藏怒、不宿怨，还要亲爱之。显然这是儒家所言“亲亲为大”的表现，是在法与情的博弈中偏于情的做法。

大义凛然如孟子，不可能看不到舜的“情大于法”，却仍然赞颂他，其实这要从孟子主张的道德理想来看，孟子所言“事亲为大”“仁之实，事亲是也；义之实，从兄是也”，都在阐述孝悌的重要性，修身齐家是治国的基础，孝悌是修身的具体表现，是仁爱的根本。因此，若就孟子提倡孝悌仁爱的社会道德而言，孟子在此为舜的辩护是借助圣人的故事告诫世人要对上孝悌、对下慈爱，重视亲情。

却之不恭[1]

万章问曰："敢问交际何心也？"

孟子曰："恭也。"

曰："'却之却之为不恭'，何哉？"

曰："尊者赐之，曰'其所取之者义乎，不义乎'，而后受之，以是为不恭，故弗却也。"

曰："请无以辞却之，以心却之，曰'其取诸民之不义也'，而以他辞无受[2]，不可乎？"

曰："其交也以道，其接也以礼，斯孔子受之矣。"

万章曰："今有御人于国门之外者[3]，其交也以道，其馈也以礼，斯可受御与？"

曰："不可。《康诰》曰：'杀越人于货，闵不畏死，凡民罔不譈[4]。'是不待教而诛者也。殷受夏，周受殷，所不辞也[5]；于今为烈，如之何其受之？"

曰："今之诸侯取之于民也，犹御也。苟善其礼际矣，斯君子受之，敢问何说也？"

曰："子以为有王者作，将比今之诸侯而诛之乎[6]？其教之不改而后诛之乎？夫谓非其有而取之者盗也，充类至义之尽也[7]。孔子之仕于鲁也，鲁人猎较[8]，孔子亦猎较。猎较犹可，而况受其赐乎？"

曰："然则孔子之仕也，非事道与[9]？"

曰："事道也。"

"事道奚猎较也？"

曰："孔子先簿正祭器[10]，不以四方之食供簿正。"

曰："奚不去也？"

曰："为之兆也[11]。兆足以行矣，而不行，而后去，是以未尝有所终三年淹也。孔子有见行可之仕，有际可之仕[12]，有公养之仕[13]。于季桓子，见行可之仕也；于卫灵公，际可之仕也；于卫孝公[14]，公养之仕也。"

（《孟子·万章下》）

〔注释〕

①却：拒绝。

②他辞：找借口。

③御人：手拿武器拦路抢劫的人。

④于货：强取他人的财物。　闵：同“暋”，强悍。　譈（duì）：同“憝”，怨恨。

⑤不辞：根据赵岐的注解，三代有法令，对此类行为可不加审讯而杀之。

⑥比：同等看待。

⑦充类至义：类推究义。充类即充其类，至义即极至义。

⑧猎较：打猎争夺所获禽兽，用以祭祀。

⑨事道：即为道而事，因为道义而做官。

⑩簿正祭器：按照簿书规范祭祀所用的器具。

⑪兆：开始，开端。

⑫际可：单独对待某一人的礼遇。

⑬公养：对一般士人的供养。

⑭卫孝公：《左传》《史记》中无卫孝公的记载，可能是指卫出公，曾任用孔子。

〔译文〕

万章问：“冒昧地请问交际应该用哪种心思？”

孟子说：“恭恭敬敬。”

万章说：“一再拒绝馈赠是不恭敬，这是为什么？”

孟子说："尊者赐予礼物，自己先想想'他取得这种礼物是合于义的呢，还是不合于义的呢'，想了以后再接受，这是不恭敬的，所以不要拒绝。"

万章说："拒绝他的礼物，不明确说出，只是心里不接受罢了，心想'这东西是取自于民众的不义之财'，而用其他借口不接受，难道不可以吗？"

孟子说："他依规矩同我交往，依礼节同我接触，这样孔子也会接受礼物的。"

万章说："如今有个在国都郊野拦路抢劫的人，他与我交往也依规矩，他的馈赠也依礼节，这种赃物可以接受吗？"

孟子说："不可以。《康诰》上说：'杀人而掠夺财物，强悍不怕死，凡是人民没有不憎恶的。'这种人不必等待教育就可以诛杀他。殷商从夏朝接受这条法规，周朝又从殷商接受这种法律，没有更改。如今这种杀人越货的现象愈演愈烈，如何能接受这种馈赠呢？"

万章说："如今的诸侯们所取的财物都是人民的，也和拦路抢劫的差不多。假如把交际的礼节搞好，这些君子也接受，请问这又是什么道理呢？"

孟子说："你以为有圣王兴起，是会对现在的诸侯们一律加以诛杀呢，还是会先经过教育，仍不悔改再去诛杀呢？所谓不属于自己的东西而去巧取豪夺的，这种行为叫作抢劫，这是把'抢劫'的含义范围扩大到最尽头了。孔子在鲁国当官的时候，鲁国人玩争夺猎物的游戏，孔子也参加这种游戏。争夺猎物尚且可以，何况于接受他们的赏赐？"

万章说："那么孔子之所以当官，不是为了施行道义吗？"

孟子说："是为了施行道义。"

万章说："既然为了行道，为什么又争夺猎物呢？"

孟子说："孔子先用文书籍册规正祭祀仪式上用的器物和祭品，不用四方献来的食物供祭祀。"

万章说："那么孔子为什么不离去呢？"

孟子说："他要以此作为开端来施行道义，开端足以施行道义，而国君不肯施行，而后他才离去，所以他没有在一个地方停留过三年。孔子有时因为可以施行道义而出来当官，也有时因为君主对他的礼遇而当官，也有时因国君养贤而当官。对于鲁国的季桓子，是因为道可行而做官；对于卫灵公，是因为礼遇而做官；对于卫孝公，是因为国君养贤而做官。"

〔解读〕

孟子的论辩技术高超，但此选段中万章的问话可谓环环相扣、步步紧逼，非常有技巧。万章先以交际用心提问，孟子答曰"恭也"；万章再由"却之不恭"的含义谈到取之于民的不义之财，孟子反驳他，但可以看出，孟子强调恭敬之心，讲求"交以道、接以礼"。此观点一出，万章立即以极端之例发问，即抢劫而来的财物若符合道义礼节，是否接受。在得到孟子的否定回答之后，问责诸侯，认为诸侯所取正如强盗杀人越货，对此孟子认为把诸侯与抢劫之人相类比，只是原则性的话，就算圣王兴起也不会直接诛杀他们，而是先教育他们。虽然万章的想法比较偏激，然而也不难发现，孟子还是为尊者辩、为诸侯辩。

其实这也是孟子的无奈之处，孟子为推行仁政奔走诸国，为诸侯服务，接受赠与，但是社会的状况就是如此，不可能以一人之力在短时间内作出巨大改变，逃避是不可取的，只好迎难而上，在士人的社会责任感的驱使下有所为有所不为。孟子在此以孔子的事迹为例说明士人做官，接受君主和诸侯的赐予，是为了施行道义，但君主不贤就会离去，不值得再侍奉。

一曝十寒

孟子曰："无或乎王之不智也[①]。虽有天下易生之物也，一日暴之[②]，十日寒之。未有能生者也。吾见亦罕矣，吾退而寒之者至矣，吾如有萌焉何哉！今夫弈之为数[③]，小数也；不专心致志，则不得也。弈秋，通国之善弈者也。使弈秋诲二人弈，其一人专心致志，惟弈秋之为听；一人虽听之，一心以为有鸿鹄将至[④]，思援弓缴而射之[⑤]。虽与之俱学，弗若之矣。为是其智弗若与？曰：非然也。"

（《孟子·告子上》）

〔注释〕

①或：同"惑"，疑惑、诧异。

②暴（pù）：同"曝"，晒。

③弈：围棋。　数：技巧。

④鸿鹄：天鹅。

⑤缴（zhuó）：系在箭尾的丝线。

〔译文〕

孟子说："不要奇怪于君王的不明智。即使有天下最容易生长的植物，让它曝晒一天，寒冻十天，也是没有能够生长的。我和王相见的次数也少，我一离开他，那些给他泼冷水的人马上会围上去，（这样）他虽有善良之心的萌芽，又能怎么样呢？譬如下棋，只是小技术而已，但如果不一心一意，也是学不好的。弈秋，是一个全国下围棋的高手，假如让弈秋教两个人下围棋，其中一人专心致志，就只听弈秋说的话；另外一个人虽然在听课，但一心想着天鹅就要飞来，想拿起弓箭去射杀它。这样，即使跟人家一道学习，他的成绩也一定不如人家。这是因为他的智力比不上吗？回答说：不是这样的。"

〔解读〕

孟子离开齐国以后，有人指责是齐王不够明智而使得孟子不愿辅佐他，对此孟子就作出了解释，其实旨在说明"养善、护善"的问题。孟子认为，人的善性需要不断地去保有、养护，否则就会慢慢地消减，受影响的因素中有主观和客观两种，一曝十寒是外界环境，在这样的环境之下是很难生存的，而弈秋教两子学围棋的事例是在强调主观意念的专一，只有一心一意才能学有所成。这正是齐王的问题所在，齐国一心称霸，不能坚持推行仁政，只想以攻伐而霸天下，所以孟子的离去不是因为齐王不明智，而是孟子的主张根本得不到齐王的重视。

本章节中所举的例子，也成为了著名的寓言故事，衍生出了两个常用的成语：一曝十寒、专心致志。虽说万事开头难，但持之以恒更难，做事三天打鱼两天晒网，是不可能有成就的。

无以小害大，无以贱害贵

孟子曰：“人之于身也，兼所爱。兼所爱，则兼所养也。无尺寸之肤不爱焉，则无尺寸之肤不养也。所以考其善不善者，岂有他哉？于己取之而已矣。体有贵贱，有小大。无以小害大，无以贱害贵[①]。养其小者为小人，养其大者为大人。今有场师[②]，舍其梧槚[③]，养其樲棘[④]，则为贱场师焉。养其一指而失其肩背，而不知也，则为狼疾人也[⑤]。饮食之人，则人贱之矣，为其养小以失大也。饮食之人无有失也，则口腹岂适为尺寸之肤哉[⑥]？”

（《孟子·告子上》）

〔注释〕

①以贱害贵：贱，小，指口腹。贵，大，指心志。

②场师：整治场圃的人。

③梧槚（jià）：梧，梧桐。槚，楸树，木理细密。梧桐、楸树均为好木料。

④樲（èr）棘：樲，酸枣。棘，荆棘。

⑤狼疾：同“狼藉”。

⑥适：通“啻”，仅仅，不过。

〔译文〕

孟子说：“人对于身体，哪一部分都爱护。都爱护便都保养。没有一尺一寸的皮肤肌肉不爱护，便没有一尺一寸的皮肤肌肉不保养。考察他护养得好或者不好，难道有别的方法吗？只是看他所注重的是身体的哪一部分罢了。身体有重要部分，也有次要部分；有小的部分，也有大的部分。不要因为小的部分损害大的部分，不要因为次要部分损害重要部分。保养小的部分的就是小人，保养大的部分的便是君子。假若有一位园艺家，放弃梧桐楸树，却去培养酸枣荆棘，那就是位很坏的园艺家。如果有人只保养他的一个手指，却丧失了肩头背脊，自己还不明白，那便是糊涂透顶的人了。只是讲究吃喝的人，人家都轻视他，因为他只保养了小的部分，丧失了大的部分。如果讲究吃喝的人不影响思想意识的培养，那么吃喝的目的难道仅仅为着口腹的那一小部分吗？”

〔解读〕

人之所以为人，是因为在生理、物质的基础上还具有思想和精神。人的心性的修养与口腹之欲的满足是有区别的，即精神生活与物质生活是有差别的。“体有贵贱小大”，口腹耳目是维持生命基本机能的，必须得到保养，但相比人的思想心志而言，它们是小的、贱的，心志为贵，口腹为贱。孟子举园艺师的例子来论证，如果舍弃梧桐、楸树这样上等的木材，而去种植酸枣、荆棘，这便是舍大求小、舍贵求贱，所以身体和心志的价值是不等的，如果只养口腹之欲而轻视心性修养，便会被人看不起。只养护身体的人是“小人”，修养自己心性的人才是“大人”，有品德的人，高尚的人。孟子在此提醒人们，“无以小害大，无以贱害贵”，千万不要因小失大。在现实生活中，除了具备衣、食、住、行等基本的生存条件，我们还应该有精神上的追求，这是人区别于动物、区别于他人的地方。

好善优于天下

鲁欲使乐正子为政[①]。孟子曰："吾闻之，喜而不寐。"

公孙丑曰："乐正子强乎？"

曰："否。"

"有知虑乎？"

曰："否。"

"多闻识乎？"

曰："否。"

"然则奚为喜而不寐？"

曰："其为人也好善[②]。"

"好善足乎？"

曰："好善优于天下[③]，而况鲁国乎？夫苟好善，则四海之内皆将轻千里而来告之以善[④]。夫苟不好善，则人将曰：'訑訑[⑤]，予既已知之矣。'訑訑之声音颜色距人于千里之外。士止于千里之外，则谗谄面谀之人至矣⑥。与谗谄面谀之人居，国欲治，可得乎？”

（《孟子·告子下》）

〔注释〕

①乐正子：鲁国人，姓乐正，名克。孟子的弟子。

②好善：听到正确的话就会采用。

③优于天下：治理天下尚有余力。优，有余力。

④轻：易也，即不以千里为难。

⑤訑訑（yí）：傲慢自信、不听人言的样子。

⑥谗谄：在别人面前说某人的坏话叫谗，揣度别人的心意而说逢迎的话叫谄。

〔译文〕

鲁国打算让乐正子治理国政。孟子说：“我听说这个消息，高兴得睡不着。”

公孙丑问：“乐正子能力很强吗？”

孟子说：“不。”

公孙丑问：“他有深谋远虑吗？”

孟子说：“不。”

公孙丑又问：“他识多见广吗？”

孟子说：“不。”

公孙丑问："那么你为什么高兴得一晚上都睡不着呢？"

孟子说："他为人喜欢听取善言。"

公孙丑又问："仅仅喜欢听取善言就足够了吗？"

孟子说："喜欢听取善言，用这个来治理天下都是能够应付而有余力的，何况仅仅治理鲁国呢？一个人如果好听善言，那么四海之内的人都会不远千里而来告诉他善言。一个人如果不喜欢听取善言，那么人们就会说：'瞧他那傲慢的样子，我早就知道这种人了。'傲慢的声音和样子会拒人于千里之外。如果士人都止步于千里之外，那么进谗言而当面奉承的人就会前来。和进谗言而当面奉承的人一起相处，国家要想治理好，做得到吗？"

〔解读〕

孟子对于乐正子为政喜而不寐，却对他的能力、智慧、谋略、见闻都进行了否定，但这并非表明孟子赞成无能者治国，而是想要突出乐正子的从善如流，因为相比能力、谋略等，听取善言才是最重要的。一个国家，或大或小，国君能力再强，也不可能以他一人之力而治之，要想保国安民，还需要群策群力。这就要求君主礼贤下士、广纳善言，但忠言逆耳，很少国君能做到好善，所以这是执政者乐正子最大的优点，也是治理国家的关键所在。

喜欢听取善言的好处不止在于采纳后可以治理好国家，更在于可以形成良好的效应，吸引全国各地的士人进言献策，"轻千里而来告之以善"，可谓一举两得。对于推崇善性、仁政的孟子而言，自然是值得他高兴的。

所就三，所去三

陈子曰[①]："古之君子何如则仕？"

孟子曰："所就三，所去三。迎之致敬以有礼，言将行其言也，则就之；礼貌未衰，言弗行也，则去之。其次，虽未行其言也，迎之致敬以有礼，则就之；礼貌衰，则去之。其下，朝不食，夕不食，饥饿不能出门户，君闻之，曰：'吾大者不能行其道，又不能从其言也，使饥饿于我土地，吾耻之。'周之，亦可受也，免死而已矣。"

（《孟子·告子下》）

〔注释〕

①陈子：孟子的弟子陈臻。

〔译文〕

陈子问："古代的君子在什么情况下才做官？"

孟子说:“有三种情况可以做官,有三种情况可以辞官。有礼貌恭敬地来迎接,对他的言论,又打算实行,就可以去就职;礼貌虽然没有减退,但言论没有实行,那就辞去。其次,虽然没有说要实行他的主张,但还是很有礼貌很恭敬地来迎接,也可以去就职;如果礼貌减退,那就离去。最坏的情况是,早晨没有吃饭,黄昏也没有吃饭,饿得出不了门,君主知道了,说:‘我大的方面不能推行他的主张,又不能听从他的言论,使他在我的国土上挨饿,我觉得是耻辱。’于是周济他,这也是可以接受的,不过是免于饿死罢了。”

〔解读〕

孟子在其他章节中不止一次地提到过君子出仕的问题,此选段中不仅说到了就职的条件,也阐明了离职的情况。其实孟子对于君臣之间的关系有独特看法,他认为君臣不是尊卑关系,而是平等的,如《离娄下》中有言:“君之视臣如手足,则臣视君如腹心;君之视臣如犬马,则臣视君如国人;君之视臣如土芥,则臣视君如寇雠。”那么君主应当如何对待臣子呢?正确的做法是“学焉而后臣之”,彼此间最恰当的关系是亦师亦友、亦君亦臣。在这样的君臣观念之下,在入仕的理想与现实的冲突之下,孟子提出三种就职和离职的情况。恭敬礼貌是最大的原则,其次是言论主张能否得到实行。一旦君主在态度上有所怠慢,就应立即离去,这是君子的节操与尊严所在。其中的特殊情况是,若自己基本的生存条件都不具备时,就可以接受君主的周济,但这不过是免于死亡罢了。“所就三,所去三”是有高下之别的。

善教得民心

孟子曰："仁言，不如仁声之入人深也①。善政，不如善教之得民也②。善政民畏之，善教民爱之；善政得民财，善教得民心。"

（《孟子·尽心上》）

〔注释〕

①声：指音乐。

②教：教化。

〔译文〕

孟子说："仁德的言语不如仁德的音乐深入人心，良好的政治不如良好的教育更能得到人民的喜爱。良好的政治措施百姓怕它，良好的教育人民喜爱它；良好的政治能获得人民的财富，良好的教育则能够得到百姓的心。"

〔解读〕

得民心是为政的根本，百姓心悦诚服，君主才可能统一天下，教民是仁政的基本要求之一。若要得民心，不可单单依靠政治措施，还需要良好的教育。政策法令治人，道德教育治心，就如言语不如声乐打动人心一样，善政也不如善教。善政只会让百姓战战兢兢地去接受统治，是怀着畏惧之心的；而教育是百姓乐于接受的，能够真正得到百姓的心。如果把善政与善教进一步理论化，就是儒家的德治与法家的法治的区别，刑法约束人，教育感化人，结果肯定是有巨大差别的。

重视教化的功能是儒家主张德治的重要内容，对百姓的教育包含两层意思：首先是文化教育，提高文化水平，使百姓充分理解政策法令，不可“不教而杀”；其次是道德教育，从伦理的角度，提高道德水平，形成良好的社会道德风尚，使“父子有亲，君臣有义，夫妇有别，长幼有序，朋友有信”。

君子三乐

孟子曰："君子有三乐，而王天下不与存焉。父母俱存，兄弟无故，一乐也；仰不愧于天，俯不怍于人，二乐也；得天下英才而教育之，三乐也。君子有三乐，而王天下不与存焉。"

（《孟子·尽心上》）

〔译文〕

孟子说："君子有三种乐趣，但称王天下不在其中。父母健在，兄弟无灾无难，是第一种乐趣；上无愧于天，下不愧于人，是第二种乐趣；得到天下优秀人才而教育他们，是第三种乐趣。君子有三种乐趣，但称王天下不在其中。"

〔解读〕

君子的三乐不包含称王天下这件事，这"三乐"是君子作为独立人格之人、现实之人的乐趣。朱熹注解此段引林氏语："此三乐者，一系于天，一系于人，其可以自致者，惟不愧不怍而已。”这样的注释极其符合孟子之意，父母兄弟健在与否、平安与否，这不是人力所能决定的，取决于天意而已；能否得天下英才而教育之，又是取决于他人的，也不是一人之力能完成的。只有内心无愧于天地、无愧于他人才取决于君子自身，君子之乐，莫过于内心之乐，莫过于俯仰上下皆不愧怍之乐。相比这些快乐，称王天下带来的名利与地位，都不是最重要的。

登泰山而小天下

孟子曰："孔子登东山而小鲁[1]，登泰山而小天下。故观于海者难为水，游于圣人之门者难为言。观水有术，必观其澜。日月有明，容光必照焉[2]。流水之为物也，不盈科不行；君子之志于道也，不成章不达[3]。"

（《孟子·尽心上》）

〔注释〕

①东山：朱熹《集注》解释为："鲁城东之高山。"杨伯峻注："即蒙山，在今山东蒙阴县南。"

②容光：极小的缝隙。

③成章：古代称乐曲终结为一章，这里指事物达到一定阶段。

〔译文〕

孟子说："孔子登临东山觉得鲁国渺小，登临泰山觉得天下渺小。所以对于那些看过大海的人来说，别的水流便难以吸引他们了；对于那些在圣人门下游学过的人来说，别的言论便很难让他们感兴趣了。看水有方法，那就是一定要观赏它的波涛。太阳和月亮光辉明亮，再小的缝隙都能照到。流水这个东西的特点，就是不注满洼地决不前行；而君子有志于道，不达到一定的程度也就不能通达。”

〔解读〕

此章旨在说明君子志于道的方法问题。“欲穷千里目，更上一层楼”，站得高看得远，这是登临高处的意义。对于水流，不填满洼地就不前行，这是循序渐进的方法。见识过大海的波涛汹涌，便对小江小河不再向往，这是眼界宽广的表现。同样的道理，移用于君子对大道的追求也是可取的。跟随圣人学习过，对一般的言论便不再感兴趣；要向光辉无处不照的日月学习，博大而又细致；向流水学习，脚踏实地，按阶段进行。孟子举孔子登东山、泰山的感慨为例，以水流和日月的特点为参照，都是为了教导君子“志于道”，既要具有宽阔的眼界，博大的胸怀，也需要采取循序渐进的方式，逐步通达。这种君子志于道的方法，在现实学习、生活中也具有借鉴意义。博学笃志，心存高远，最终才会有所成就。

一毛不拔

孟子曰："杨子取为我[1]，拔一毛而利天下，不为也。墨子兼爱，摩顶放踵利天下[2]，为之。子莫执中[3]，执中为近之，执中无权，犹执一也。所恶执一者，为其贼道也，举一而废百也。"

（《孟子·尽心上》）

〔注释〕

①杨子：战国初期的哲学家，名朱，魏国人。他重视个人利益，反对别人对自己的侵夺，也反对侵夺他人。他的学说在当时很流行。　取：主张。

②摩顶放踵：从头顶到脚跟都受损伤，比喻舍身救世，不辞劳苦。

③子莫：鲁国的一位贤人。

〔译文〕

孟子说："杨朱主张为我，就算是拔去自己一根毫毛而有利于天下，他也不愿意。墨子主张兼爱，摩秃头顶，磨破脚跟，只要对天下有利，他也愿意干。子莫主张中道，中道的态度比较恰当，但是折中却不知变通，便是执著于一点。厌恶固执不变的做法，因为它损害仁义之道，只抓住一点而废弃了其余的部分。”

〔解读〕

杨朱、墨子的学说在当时属于显学，二者都是战国时期影响较大的思想家，达到了“天下之言不归杨，则归墨”的程度。杨朱主张为我，“拔一毛而利天下，不为也”，这是一种极端。墨子主张兼爱、非攻，只要有利于天下，摩顶放踵也愿意，这也是一种极端。孟子比较赞同的是子莫的学说，即执中，但是如果执著于一点而不知变通，其实也是一种极端，也是不可取的。所以孟子认为，应当在执中的基础上灵活变通，不可举一而废百。

杨子的利己主义，人们用“一毛不拔”来形容他的吝啬自私，但事实上有不少学者为他辩护，认为杨子的“为我”是温和的、退让的，并不是损人而利己的，其实是一种对个体生命价值的肯定，以及以个人微小的力量不可能改变世界的无奈。《列子·杨朱篇》里记载了他对弟子说的话：“古之人，损一毫利天下，不与也；悉天下奉一身，不取也。”拔一毛而利天下的事不做，天下都奉养我，也不需要。这样看似乎杨朱也不是自私贪利的人，读者对此可作思考和商榷。

君子之所以教者五

孟子曰："君子之所以教者五：有如时雨化之者，有成德者，有达财者①，有答问者，有私淑艾者②。此五者，君子之所以教也。"

（《孟子·尽心上》）

〔注释〕

①财：通"材"。

②私淑艾：私下自学。淑，通"叔"，拾取。艾（yì）：通"刈"，取。淑、艾两字意思相近，为叠用。

〔译文〕

孟子说："君子教育人的方式有五种：有像及时雨那样沾溉万物的，有成全品德的，有培养才能的，有解答疑难问题的，有以自身善行来让他人私下学习的。这五种都是君子用以教育人的方法。"

〔解读〕

君子三乐之一便是得天下英才而教育之，君子教诲他人，会根据每个人的差异因材施教，孟子在此列举了五种教育方法，传道、授业、解惑，已经包括智育、德育等方面，体现了“教亦多术也”，在今天的教育实践中仍有借鉴意义。

孔子弟子三千，贤者七十二，学生如此之多，孔子采用的方式就是因人而异，因材施教，“小以成大，大以成大，无弃人也（朱熹语）”。

中道而立，能者从之

公孙丑曰："道则高矣、美矣，宜若登天然，似不可及也，何不使彼为可几及而日孳孳也[1]？"

孟子曰："大匠不为拙工改废绳墨，羿不为拙射变其彀率[2]。君子引而不发，跃如也。中道而立，能者从之。"

（《孟子·尽心上》）

〔注释〕

①孳孳（zī）：同"孜孜"，努力不懈。

②彀（gòu）率：张弓的限度。

〔译文〕

公孙丑说："道是崇高的、美好的，几乎像登天一般，似乎不可企及，为什么不使它成为能够攀及而让人每天去努力呢？”

孟子回答说：“高明的工匠不因为拙劣工人改变或者废弃规矩，羿也不因为拙劣射手变更张弓的标准。君子（教导别人正如射手）张满了弓，却不发箭，做出跃跃欲试的样子。他在正确道路之中站立，有能力的便跟随着来。”

〔解读〕

这段简短对话反映出的是孟子的教育观，公孙丑提出对“道”的追求如登天般不可企及，希望能够降低要求，让人孜孜努力就可攀求。对此，孟子认为，好的老师不会因为学生的才能高低而改变或放弃原则，如工匠不会轻易改变绳墨，羿不因射手技术拙劣而更改张弓的标准。虽然教育需要因材施教，但不可为了迁就学生而放弃准则。朱熹《集注》中对于此章的解说是：“言学者当自勉也。”也强调学习之人本身要发挥自己的能动性，自励自勉。

而君子在教导他人之时，有其独特的方法，“引而不发”，只做出要射箭的样子，而不把箭放出去，由此来引导学生，循循善诱之下激发学生的兴趣，可以看作是一种启发式的教育，概而言之就是“中道而立，能者从之”，君子做适中的示范，能力可及者跟随他就可以。

尽信书不如无书

孟子曰："尽信《书》则不如无《书》[①]。吾于《武成》[②]，取二三策而已矣[③]。仁人无敌于天下，以至仁伐至不仁，而何其血之流杵也[④]？"

（《孟子·尽心下》）

〔注释〕

①《书》：指《尚书》。

②《武成》：是《尚书》中的一篇，旧说此篇主要记载武王伐纣成功后的重要政事。

③策：竹简，当时还未发明纸张，书籍都是抄写在竹简上，一片称一策。

④杵：舂米的木棒。

〔译文〕

孟子说："完全相信《尚书》，还不如没有《尚书》。我对于《武成》篇，只不过取其中的两三片竹简罢了。仁者无敌于天下，以周武王这般极为仁爱的人去讨伐商纣这极为不仁的人，怎么会血流成河，把舂米的木棒都漂起来呢？”

〔解读〕

《武成》是《尚书》中的一篇，主要叙述了周武王和商纣王在牧野交战的情形，其中有“血流漂杵”的语句，可见战争的惨烈，并且从文字记载来看，这种血流成河是商军倒戈相向、自相残杀造成的。然而在孟子看来，“血之流杵”是不可能出现的，原因是商纣暴虐而武王仁义，商民受困于暴君太久，希望武王来伐，所以会倒戈相向，但是仁爱如武王，是不会对自相残杀坐视不理的，更加不会虐杀商军，故而《尚书·武成》篇的记载有失偏颇，或者说是夸张过度，因此孟子就说“尽信《书》则不如无《书》”。这是一句非常有哲理的话，不仅可以用在读书学习上，还可以延伸到生活实践中。这句话是在提醒我们不要盲目地相信书本，必须善于筛选，作出自己的判断，在扬弃的基础上吸收书本精华，也教导我们在生活中要勤于思考，敢于质疑和创新。

民贵君轻

孟子曰："民为贵，社稷次之，君为轻。是故得乎丘民而为天子①，得乎天子为诸侯，得乎诸侯为大夫。诸侯危社稷，则变置②。牺牲既成，粢盛既洁，祭祀以时，然而旱干水溢，则变置社稷。"

（《孟子·尽心下》）

〔注释〕

①丘民：指百姓。

②变置：改立诸侯国君。

〔译文〕

孟子说："百姓最为重要，土谷之神为次，君主为轻。所以得到百姓的拥护就可以成为天子，得到天子的欢心就可以成为诸侯，得到诸侯的欢心就可以成为大夫。诸侯危害国家，就另外改立。牺牲既已肥壮，祭品已经洁净，也依一定时候祭祀，但还是遭受旱灾水灾，那么就改立土神和谷神。”

〔解读〕

“民贵君轻”思想是孟子最具人道主义色彩、影响最深远的主张之一，在社稷、君主、百姓三者之中，突出了人民的根本地位，以民为本。民本思想其实可以上溯到西周时期“敬天保民”的观念，此后孔子也提出“博施于民而能济众”的主张，《左传》中也记载有“民，神之主也。是以圣王先成民而后致力于神”的理论，孟子继承而来，总结君民关系，明确提出“民为贵，社稷次之，君为轻”的观点，这可以看作是在专制集权制度下民主、民权思想的发端，是孟子最具代表性的思想之一。荀子也曾提出与之类似的观点，把君主与人民的关系比喻为舟与水的关系，《荀子·王制》云“君者舟也，庶人者水也，水则载舟，水则覆舟”，形象揭示了君与民的密切关系。

“民为贵”不是从百姓的地位而言，而是从百姓的价值与作用而言。人民的价值高于君主，“国以民为本，社稷亦为民而立”，“得乎丘民而为天子”，得到百姓的拥护才能成为天子。若是诸侯国君危害国家，也可废黜而重立新君，甚至水旱灾害发生，也可改立土谷之神。这些都表明，一切以民为贵。这一观念对于某些专制的古代君主而言，就是大不敬之言，如明太祖就对孟子的“民贵君轻”思想极度反感，一度撤去孟子在孔庙中的配享地位，并命令翰林学士删定《孟子节文》。

《孟子》阅读(备考)方案

《孟子》是一本什么样的书

要了解《孟子》一书，不得不先说说孟子这个人。

孟子(约前372—前289年)名轲，字子舆，出生在邹国(今山东邹城市)，距孔子的家乡不远。关于孟轲生平的记载，资料较少，司马迁在《史记》中也只为他作了一百多字的传记，因此后人对他的生平事迹的了解非常粗略。据说孟子的父亲早亡，孟子自幼便与母亲相依为命，孟母善于教诲，在《列女传》《韩诗外传》等书中记载了“孟母三迁”“断织劝学”等故事，作为贤母教子的典范而广泛流传后世，几乎家喻户晓。

孟子大约在十五六岁时来到鲁国，受业于子思的门人，子思是儒家宗师孔子的孙子，与孔子的思想一脉相承，孟子对儒家学说的终生信仰就在此时得到了奠定。孟子对孔子十分崇拜，认为孔子是“集大成者”。学有所成后，孟子一面开始收徒讲学，一面游历各国，在诸侯国君间周旋游说，出游时从者数百人，颇有声势，曾先后到过齐、宋、滕、魏、鲁等国，并一度担任过齐宣王的客卿，在齐国的稷下学宫讲过学。然而战国时代利益为上，各诸侯国进行着激烈的兼并战争，孟子的政治主张在这样的背景下得不到君主的采纳，备受冷落，司马迁评述他的思想为“则见以为迂远而阔于事情”。由于不被重用，孟子便回到家乡，不再过问世务，与弟子万章等人著书立说，阐发儒家学说，“序《诗》《书》，述仲尼之意，作《孟子》七篇”。

今天所见的《孟子》共七篇，约三万五千余字，据《汉书·艺文志》记载，西汉时《孟子》的传本有十一篇，比今本《孟子》多出四篇：《性善》《辨文》《说孝经》《为政》。东汉赵岐为《孟子》作注时对这四篇的真伪进行了分辨，认为这四篇的文辞风格不与“内篇”相似，可能是后世的伪作，后来这四篇就逐渐亡佚了。《孟子》向来被视为子书，它的儒家经典地位的确立有一个历史的过程。东汉赵岐把《孟子》与《论语》相提并论，认为《孟子》是“拟圣而作”，但东汉学者王充的《论衡》中有《刺孟》篇，对孟子加以讽刺。从唐代开始，《孟子》的地位逐渐提高，孔孟并称，但唐末所刻的“开成石经”中仍没有《孟子》。到五代后蜀，《孟子》作为十一经之一刻石流传，是入“经”的开始。南宋朱熹编《四书》，正式将《孟子》升格为“经”，至明、清两代，成为科举考试的内容，是读书人必读的书目了。

我们今天研读《孟子》，需要参考历代的注释书，值得参考的著作有三种。一，东汉赵岐的《孟子章句》，这是现存最早的《孟子》注释。二，南宋朱熹的《孟子集注》，是宋人注释《孟子》的代表作。虽然通行的“十三经注疏”采用的是北宋孙奭的疏，但朱熹的《集注》更胜一筹。三，清代焦循的《孟子正义》，是总结前人研究成果的集大成之作，广泛搜集各家注释成果，再加上自己的注释汇编而成，以训释名物为主，简要阐释义理。

先秦诸子散文风格各异，其中《孟子》与《论语》类似，都是语录体散文，但《孟子》有超越《论语》的地方，那就是以对话的形式构成说理的论说文，具有专题论文萌芽的性质，观点鲜明，气势磅礴，表现出高超的论辩艺术，对后世散文写作产生了深刻影响。《孟子》一书的气势，不仅是百家争鸣的自由时代的产物，更是孟子性格中的宏大气魄的表现。

孟子的思想学说内容丰富，涉及政治、经济、哲学、教育等方面，蕴含着孟子对历史、时世、社会的独特见解。本书作为中小学传统文化必读经典系列丛书之一，综合知识性、时代性和趣味性的特点，为读者选取了《孟子》中具有代表性和影响力的篇章，并简要概括为三个部分：仁义为本、君子之道、观物阅世。分别包括孟子的仁政思想、性善之说，对理想人格的追求，对时世、时事、时人的真知灼见等内容，有利于读者从宏观上把握孟子的思想特色。

（韩美华）

《孟子》的思想主张

《孟子》一书现存七篇，共二百六十章，记录了孟子及其弟子的思想观点和言行活动，集中反映了孟子的言论和思想，包括政治、修身、教育以及经济等方面。

政治主张

1. 仁与仁政：孟子继承孔子“仁”的思想，并发展出“仁政”思想，强调以仁治国，关心百姓，不靠穷兵黩武得天下，与暴政、霸道相对。

2. 民本思想：在“仁政”思想中，最有代表性的是民本思想，即以百姓为本，以民为重，考虑百姓的感受，强调百姓意志即上天的意志，民心所向非常重要，得民心者得天下。

3. 道统观念：倡导尧、舜、禹、周文王等圣贤君主的做法，强调效法先贤，施仁政、行王道。

4. 德治思想：重视以德治民，不强调刑法的作用，而强调通过思想教化来治理百姓和社会。

5. 礼贤重道：强调圣人的重要性，强调君王应该尊重贤能的人和重视圣人的学说。

修身为人

1. 性善论：认为人的本性是善的，人本都有恻隐、羞恶、辞让、是非之心，修养身心需要唤醒本性、回归本心。

2. 义利观：重义轻利、先义后利，主张履行义而不主张追求利。

3. 养气尽性：强调修养身心，培养自己的大丈夫气，尽自己的本心本性，完善自己。

教育主张

1. 庠序之教：重视教育，尤其重视国家政府出财力人力进行的学校教育。

2. 内圣之学：强调反思、反省的自我教育，追求自己本心、本性中的善和仁义。

经济主张

1. 制民之产：强调百姓的财产很重要，认为要使百姓有自己的财产。

2. 井田经界：在“制民之产”的思想基础上，提出具体的建议，即划清经纬之界，区分公田私田，实行井地制，即井田制。

源自《孟子》的成语

【引领而望】伸长脖子远望。形容殷切盼望。(《孟子·梁惠王上》:“如有不嗜杀人者,则天下之民皆引领而望之矣。”)

【明察秋毫】原形容人目光敏锐,任何细小的事物都能看得很清楚。后多形容人能洞察事理。秋毫,秋天鸟兽身上新长的细毛。(《孟子·梁惠王上》:“明足以察秋毫之末,而不见舆薪,则王许之乎?”)

【缘木求鱼】爬到树上去找鱼,比喻方向或办法不对头,不可能达到目的。(《孟子·梁惠王上》:“以若所为求若所欲,犹缘木而求鱼也。”)

【与民同乐】原指君王施行仁政,与百姓休戚与共,同享欢乐。后泛指领导与群众一起游乐,共享幸福。(《孟子·梁惠王下》:“今王田猎于此,百姓闻王车马之音,见羽旄之美,举欣欣然有喜色而相告曰:‘吾王庶几无疾病与,何以能田猎也?’此无他,与民同乐也。”)

【顾左右而言他】看着两旁的人,说别的话。形容无话对答,有意避开本题,用别的话搪塞过去。(《孟子·梁惠王下》:“曰:‘四境之内不治,则如之何?’王顾左右而言他。”)

【箪食壶浆】百姓用箪盛饭,用壶盛汤来欢迎他们爱戴的军队。形容军队受到群众热烈拥护和欢迎的情况。(《孟子·梁惠王下》:“箪食壶浆以迎王师。”)

【出尔反尔】原意是你怎样做,就会得到怎样的后果。现指人的言行反复无常,前后自相矛盾。尔,你。反,通“返”,回。(《孟子·梁惠王下》:“出乎尔者,反乎尔者也。”)

【解民倒悬】比喻把受苦难的人民解救出来。倒悬,人被倒挂,比喻处境困难、危急。(《孟子·公孙丑上》:"当今之时,万乘之国行仁政,民之悦之,犹解倒悬也。")

【事半功倍】指做事得法,因而费力小,收效大。(《孟子·公孙丑上》:"故事半古之人,功必倍之,惟此时为然。")

【揠苗助长】把苗拔起,以助其生长。比喻违反事物发展的客观规律,急于求成,反而把事情弄糟。揠,拔。(《孟子·公孙丑上》:"宋人有闵其苗之不长而揠之者,芒芒然归,谓其人曰:'今日病矣,予助苗长矣。'其子趋而往视之,苗则槁矣。")

【具体而微】指事物的各个组成部分大体都有了,不过形状和规模比较小些。(《孟子·公孙丑上》:"冉牛、闵子、颜渊,则具体而微。")

【出类拔萃】超出同类之上。多指人的品德才能超出一般人。拔,超出。类,同类。萃,原为草丛生的样子,引申为聚集。(《孟子·公孙丑上》:"出于其类,拔乎其萃,自生民以来,未有盛于孔子也。")

【心悦诚服】由衷地高兴,真心地服气。指真心地服气或服从。(《孟子·公孙丑上》:"以力服人者,非心服也,力不赡也;以德服人者,中心悦而诚服也,如七十子之服孔子也。")

【尊贤使能】尊重并使用有道德、有才能的人。(《孟子·公孙丑上》:"孟子曰:'尊贤使能,俊杰在位,则天下之士皆悦,而愿立于其朝矣。'")

【恻隐之心】形容对人寄予同情。恻隐,对别人的不幸表示同情。(《孟子·公孙丑上》:"恻隐之心,仁之端也。")

【反求诸己】反过来追究自己。指从自己方面找原因。求,追究,寻求。诸,"之于"的合成词。(《孟子·公孙丑上》:"仁者如射:射者正己而后发；发而不中，不怨胜己者，反求诸己而已矣。”）

【闻过则喜】听到别人批评自己的缺点或错误，表示欢迎和高兴。指虚心接受意见。（《孟子·公孙丑上》：“子路，人告之以有过，则喜。”）

【得道多助，失道寡助】站在正义方面，会得到多数人的支持帮助；违背正义，必陷于孤立。（《孟子·公孙丑下》：“得道者多助，失道者寡助。寡助之至，亲戚畔之；多助之至，天下顺之。”）

【采薪之忧】病了不能打柴。自称有病的婉辞。（《孟子·公孙丑下》：“昔者有王命，有采薪之忧，不能造朝。”）

【舍我其谁】除了我还有哪一个？形容人敢于担当，遇有该做的事，决不退让。（《孟子·公孙丑下》：“如欲平治天下，当今之世，舍我其谁也？”）

【枉尺直寻】屈折的只有一尺，伸直的却有一寻。比喻在小处委屈一些，以求得较大的好处。枉，弯曲。直，伸直。寻，古代的长度单位，八尺。（《孟子·滕文公下》：“且夫枉尺而直寻者，以利言也。如以利，则枉寻直尺而利，亦可为与？”）

【一傅众咻】一个人教导，众人吵闹干扰。比喻不能有什么成就。傅，教导。咻，喧闹。（《孟子·滕文公下》：“一齐人傅之，众楚人咻之，虽日挞而求其齐也，不可得矣。”）

【不以规矩，不成方圆】比喻做事要遵循一定的法则。规，圆规。矩，曲尺。（《孟子·离娄上》：“离娄之明，公输子之巧，不以规矩，不能成方圆。”）

【为渊驱鱼，为丛驱雀】比喻为政不善，人心涣散，使百姓投向敌方。（《孟子·离娄上》：“为渊驱鱼者，獭也。为丛驱爵者，鹯也；为汤武驱民者，桀与纣也。”）

【自暴自弃】自己瞧不起自己，甘于落后或堕落。暴，糟蹋、损害。弃，鄙弃。(《孟子·离娄上》："自暴者，不可与有言也；自弃者，不可与有为也。")

【授受不亲】旧指男女不能互相亲手递受物品。指儒家束缚男女的礼教。授，给予。受，接受。(《孟子·离娄上》："淳于髡曰：'男女授受不亲，礼与？'孟子曰：'礼也。'")

【不虞之誉】没有意料到的赞扬。虞，料想。誉，称赞。(《孟子·离娄上》："有不虞之誉，有求全之毁。")

【好为人师】喜欢当别人的教师。形容不谦虚，自以为是，爱摆老资格。(《孟子·离娄上》："人之患在好为人师。")

【赤子之心】比喻人心地纯洁善良。赤子，初生的婴儿。(《孟子·离娄下》："大人者，不失其赤子之心者也。")

【左右逢源】到处遇到充足的水源。原指赏识广博，应付裕如。后也比喻做事得心应手，非常顺利。(《孟子·离娄下》："资之深，则取之左右逢其原。")

【以意逆志】用自己的想法去揣度别人的心思。(《孟子·万章上》："故说《诗》者，不以文害辞，不以辞害志；以意逆志，是为得之。")

【自怨自艾(yì)】原意是悔恨自己的错误，自己改正。现在只指悔恨自己的错误。怨，怨恨，悔恨。艾，割草，比喻改正错误。(《孟子·万章上》："太甲悔过，自怨自艾。")

【金声玉振】以钟发声，以磬收韵，奏乐从始至终。比喻音韵响亮、和谐。也比喻人的知识渊博，才学精到。(《孟子·万章下》："集大成也者，金声而玉振之也。金声也者，始条理也；玉振之也者，终条理也。始条理者，智之事也；终条理者，圣之事也。")

【却之不恭】指对别人的邀请、赠与等，如果拒绝接受，就显得不恭敬。却，推却。（《孟子·万章下》："却之却之为不恭。"）

【知人论世】原指了解一个人并研究他所处的时代背景。现也指鉴别人物的好坏，议论世事的得失。（《孟子·万章下》："颂其诗，读其书，不知其人，可乎？是以论其世也。"）

【一曝十寒】虽然是最容易生长的植物，晒一天，冻十天，也不可能生长。比喻学习或工作一时勤奋，一时又懒散，没有恒心。曝，晒。（《孟子·告子上》："虽有天下易生之物也，一日暴（同"曝"）之，十日寒之，未有能生者也。"）

【专心致志】把心思全放在上面。形容一心一意，聚精会神。致，尽，极。志，意志。（《孟子·告子上》："夫今弈之为数，小数也，不专心致志，则不得也。"）

【舍生取义】舍弃生命以取得正义。指为正义而牺牲生命。（《孟子·告子上》："生，亦我所欲也，义，亦我所欲也。二者不可得兼，舍生而取义者也。"）

【杯水车薪】用一杯水去救一车着了火的柴草。比喻力量太小，解决不了问题。（《孟子·告子上》："今之为仁者，犹以一杯水救一车薪之火也。"）

【以邻为壑】拿邻国当作大水坑，把本国的洪水排泄到那里去。比喻只图自己一方的利益，把困难或祸害转嫁给别人。（《孟子·告子下》："禹之治水，水之道也，是故禹以四海为壑。今吾子以邻国为壑。"）

【习焉不察】指经常接触某种事物，反而觉察不到其中存在的问题。习，习惯。焉，语气词，有"于此"的意思。察，觉察。（《孟子·尽心上》："行之而不著焉，习矣而不察焉，终身由之而不知其道者，众也。"）

【不言而喻】不用说话就能明白。形容道理很明显。喻，了解，明白。（《孟子·尽心上》："君子所性，仁义礼智根于心，其生色也，睟然见于面，盎于背，施于四体，四体不言而喻。"）

【一毛不拔】一根汗毛也不肯拔。原指杨朱的极端为我主义。后形容为人非常吝啬自私。（《孟子·尽心上》："杨子取为我，拔一毛而利天下，不为也。"）

【摩顶放踵】从头顶到脚跟都擦伤了。形容不辞劳苦，不顾身体。（《孟子·尽心上》："墨子兼爱，摩顶放踵利天下，为之。"）

【举一废百】提出一点，废弃许多。指认识片面。（《孟子·尽心上》："所恶执一者，为其贼道也，举一而废百也。"）

【居仁由义】内心存仁，行事循义。（《孟子·尽心上》："居仁由义，大人之事备矣。"）

【弃若敝屣】像扔破鞋一样把它扔掉。比喻毫不可惜地抛弃掉。（《孟子·尽心上》："舜视弃天下，犹弃敝蹝（屣）也。"）

【引而不发】拉开弓却不把箭射出去。比喻善于启发引导。也比喻做好准备暂不行动，以待时机。（《孟子·尽心上》："君子引而不发，跃如也。中道而立，能者从之。"）

【进锐退速】急于求进者往往后退也快。锐，迅速。（《孟子·尽心上》："于不可已而已者，无所不已。于所厚者薄，无所不薄也。其进锐者，其退速。"）

【当务之急】当前任务中最急切要办的事。（《孟子·尽心上》："知者无不知也，当务之为急；仁者无不爱也，急亲贤之为务。"）

【以其昏昏，使人昭昭】用他模糊的理解去让别人明白。也指自己糊里糊涂，却要指挥明白、清楚的人。（《孟子·尽心下》：“贤者以其昭昭，使人昭昭；今以其昏昏，使人昭昭。”）

【茅塞顿开】原来心里好像有茅草堵塞着，现在忽然被打开了。形容思想忽然开窍，立刻明白了某个道理。（《孟子·尽心下》：“山径之蹊，间介然用之而成路；为间不用，则茅塞之矣。”）

【言近旨远】话很浅近，含义却很深远。旨，意思。（《孟子·尽心下》：“言近而指远者，善言也。”）

【同流合污】指跟坏人一起干坏事。流，流俗。污，肮脏。（《孟子·尽心下》：“同乎流俗，合乎污世。”）

《孟子》中的经典名句

梁惠王上

1. 或百步而后止，或五十步而后止，以五十步笑百步，则何如？

2. 仁者无敌。

3. 君子之于禽兽也，见其生，不忍见其死；闻其声，不忍食其肉。是以君子远庖厨也。

4. 夫子言之，于我心有戚戚焉。

5. 老吾老，以及人之老；幼吾幼，以及人之幼。

6. 权，然后知轻重；度，然后知长短。物皆然，心为甚。

7. 以若所为求若所欲，犹缘木而求鱼也。

8. 然则小固不可以敌大，寡固不可以敌众，弱固不可以敌强。

梁惠王下

1. 独乐（yuè）乐（lè），与人乐（yuè）乐（lè），孰乐（lè）？

2. 乐民之乐者，民亦乐其乐；忧民之忧者，民亦忧其忧。乐以天下，忧以天下，然而不王者，未之有也。

3. 老而无妻曰鳏，老而无夫曰寡，老而无子曰独，幼而无父曰孤。

公孙丑上

1. 虽有智慧，不如乘势；虽有镃基，不如待时。

2. 我善养吾浩然之气。

3. 诐辞知其所蔽，淫辞知其所陷，邪辞知其所离，遁辞知其所穷。

4. 以德服人者，中心悦而诚服也。

5. 祸福无不自己求之者。

6. 尊贤使能，俊杰在位，则天下之士皆悦，而愿立于其朝矣。

7. 恻隐之心，仁之端也；羞恶之心，义之端也；辞让之心，礼之端也；是非之心，智之端也。

8. 仁者如射：射者正己而后发；发而不中，不怨胜己者，反求诸己而已矣。

9. 取诸人以为善，是与人为善者也。故君子莫大乎与人为善。

公孙丑下

1. 天时不如地利，地利不如人和。

2. 得道者多助，失道者寡助。寡助之至，亲戚畔之；多助之至，天下顺之。

3. 内则父子，外则君臣，人之大伦也。父子主恩，君臣主敬。

4. 天下有达尊三：爵一，齿一，德一。朝廷莫如爵，乡党莫如齿，辅世长民莫如德。

5. 焉有君子而可以货取乎?

6. 君子不以天下俭其亲。

7. 君子不怨天,不尤人。

8. 彼一时,此一时也。

9. 如欲平治天下,当今之世,舍我其谁也?

滕文公上

1. 上有好者,下必有甚焉者矣。君子之德,风也;小人之德,草也。草尚之风,必偃。

2. 民之为道也,有恒产者有恒心,无恒产者无恒心。

3. 劳心者治人,劳力者治于人;治于人者食人,治人者食于人,天下之通义也。

4. 父子有亲,君臣有义,夫妇有别,长幼有叙,朋友有信。

5. 分人以财谓之惠,教人以善谓之忠,为天下得人者谓之仁。是故以天下与人易,为天下得人难。

6. 吾闻出于幽谷迁于乔木者,未闻下乔木而入于幽谷者。

滕文公下

1. 志士不忘在沟壑,勇士不忘丧其元。

2. 枉己者,未有能直人者也。

3. 居天下之广居,立天下之正位,行天下之大道;得志,与民由之;不得志,独行其道。富贵不能淫,贫贱不能移,威武不能屈,此之谓大丈夫。

离娄上

1. 不以规矩,不能成方圆。

2. 是以惟仁者宜在高位。不仁而在高位,是播其恶于众也。

3. 天子不仁,不保四海;诸侯不仁,不保社稷;卿大夫不仁,不保宗庙；士庶人不仁，不保四体。

4. 天下之本在国，国之本在家，家之本在身。

5. 顺天者存，逆天者亡。

6. 夫人必自侮，然后人侮之；家必自毁，而后人毁之；国必自伐，然后人伐之。

7. 民之归仁也，犹水之就下、兽之走圹也。

8. 自暴者，不可与有言也；自弃者，不可与有为也。

9. 仁，人之安宅也；义，人之正路也。

10. 诚者，天之道也；思诚者，人之道也。

11. 胸中正，则眸子瞭焉；胸中不正，则眸子眊（mào，目不明之貌）焉。

12. 恭者不侮人，俭者不夺人。

13. 事，孰为大？事亲为大。守，孰为大？守身为大。

14. 君仁，莫不仁；君义，莫不义；君正，莫不正。

15. 有不虞之誉，有求全之毁。

16. 人之患在好为人师。

离娄下

1. 君之视臣如手足，则臣视君如腹心；君子视臣如犬马，则臣视君如国人；君之视臣如土芥，则臣视君如寇仇。

2. 人有不为也，而后可以有为。

3. 爱人者，人恒爱之；敬人者，人恒敬之。

万章下

1. 不挟长，不挟贵，不挟兄弟而友。友也者，友其德，不可以有挟也。

告子上

1. 人性之善也，犹水之就下也。

2. 虽有天下易生之物也，一日暴之，十日寒之，未有能生者也。

3. 鱼，我所欲也，熊掌亦我所欲也；二者不可得兼，舍鱼而取熊掌者也。生亦我所欲也，义亦我所欲也；二者不可得兼，舍生而取义者也。

4. 学问之道无他，求其放心而已矣。

告子下

1. 人皆可以为尧舜。

2. 故天将降大任于是人也，必先苦其心志，劳其筋骨，饿其体肤，空乏其身，行拂乱其所为，所以动心忍性，曾益其所不能。

3. 生于忧患而死于安乐。

尽心上

1. 人不可以无耻。

2. 不耻不若人，何若人有？

3. 穷则独善其身，达则兼善天下。

4. 无为其所不为，无欲其所不欲。

5. 君子有三乐，而王天下不与存焉。父母俱存，兄弟无故，一乐也；仰不愧于天，俯不怍于人，二乐也；得天下英才而教育之，三乐也。

6. 孔子登东山而小鲁，登泰山而小天下。

7. 其进锐者，其退速。

尽心下

1. 尽信《书》，则不如无《书》。

2. 民为贵，社稷次之，君为轻。

3. 贤者以其昭昭，使人昭昭；今以其昏昏，使人昭昭。

4. 言近而指远者，善言也；守约而施博者，善道也。

5. 养心莫善于寡欲。